SOMOS ESTRELLAS

SOMOS ESTRELLAS

UNA GUÍA MODERNA
DE ASTROLOGÍA

....

Juliana McCarthy

ILUSTRACIONES DE ALEJANDRO CARDENAS

CONTENIDO

PRÓLOGO

Mi primer contacto con la astrología fue a los dieciocho años. Yo era una chica callada y reservada y con un gran desconocimiento de mí misma. Como había hecho baile la mayor parte de mi vida, me sentía cómoda sobre un escenario, pero en cambio me aislaba en los actos sociales. La verdad es que la gente me desconcertaba. Siempre me había sentido como una extraterrestre, incapaz de entender el ilógico mundo de la complejidad humana, incluso mi propio interior. Un día, alguien me regaló un libro de astrología y empecé a buscar mis planetas y sus características. Me asombró la precisión de las descripciones, y de repente todo cobró sentido. Había encontrado un sistema lógico que me permitía comprender las contradicciones de la vida.

Mi timidez era fácil de entender. Al fin y al cabo, mi Sol y mi ascendente están en Virgo, que es dócil y recatado. Pero, por otro lado, soy extremadamente romántica, lo cual también tiene explicación, porque mi Venus, el planeta del amor, cae en el amoroso Libra. Que tenga Marte en Leo explica mi capacidad para subirme a un escenario: el planeta del esfuerzo físico y de la seguridad en uno mismo se encuentra en el signo del entretenimiento y de la expresión creativa. Conforme fui aprendiendo, apliqué estos arquetipos a otras personas y empecé a entender muchas cosas. Por primera vez, mi mente se abría a la magia y a la posibilidad de que en la vida hubiera dimensiones invisibles y proféticas sincronicidades.

De pronto tenía la llave maestra para comprender la psicología de la gente, su carácter y las relaciones humanas. Y me lancé con fervor obsesivo a estudiar astrología. Busqué los emplazamientos planetarios de todas las personas de mi entorno y empecé a entender las energías de los planetas y de los signos, su significado y cómo se manifestaban dichas personas. Aprendí rápidamente lo suficiente para comenzar a leer cartas y desde entonces no he parado de hacerlo.

Años más tarde conocí a un profesor de astrología en Colorado que me ayudó a resolver dudas y me enseñó las facetas más complicadas de la astrología, como las progresiones y la revolución solar. Ese profesor era el maravilloso Kelly Lee Phipps, cuya mente era rápida y casi inhumanamente brillante. Cuando llevaba un par de años estudiando con él, a Kelly le diagnosticaron un tumor, y falleció al cabo de unos meses. Durante su fase terminal me dijo que ya estaba preparada para ser astróloga profesional. El momento en el que me lo comunicó fue tan potente que me convencí de que podía hacerlo y transmitir así su legado y su sabiduría.

Me apasiona la astrología, el arte de leer mapas de energía que nos revelan quiénes somos a través de mitos y arquetipos. Me encanta ser intérprete para otras personas, ayudarlas a descubrir su conexión con el cosmos. Es maravilloso contribuir a que gente que no conoces alcance su máximo potencial. Mis clientes me transmiten que la astrología valida lo que de alguna manera ya sabían de sí mismos pero no tenían cómo verbalizar. Les consuela sentir que son vistos y reconocidos, y descubrir que se reflejan en las estrellas. De ésta forma, la astrología nos ayuda a aceptarnos a nosotros mismos, tanto nuestros dones como nuestros retos. Dado que la información viene de los planetas y no de la subjetividad de otra persona, logramos no ponernos a la defensiva, asumiendo y aceptando cada dimensión de nuestro complejo ser.

En paralelo a mis estudios de astrología dediqué años a practicar y estudiar budismo con el maestro Sakyong Mipham Rinpoche. Inevitablemente, mi perspectiva espiritual influye en cómo interpreto las estrellas. Esto le ocurriría a cualquiera, fuera budista, ateo o cualquier otra cosa. Sin embargo, lo que me interesa y lo que resulta útil es encontrar el punto donde convergen distintas perspectivas espirituales, filosóficas y científicas. Aquí es donde hallamos la verdad universal.

La lectura de cartas debe hacerse siempre con sensibilidad y un matiz espiritual. Por ejemplo, no hay una posición astral o un aspecto malos. Las dificultades existen para ayudarnos a expandir nuestro potencial, abriéndonos a la vulnerabilidad, la ternura y la empatía. De este modo, podemos vivir nuestros talentos con autenticidad y humildad, mostrándonos al mundo con más sentido.

La astrología es una gran herramienta para la autoconciencia, pero también para abrir nuestra mente y conectar con la inmensidad. Que nuestra personalidad y nuestra psicología estén reflejadas en las posiciones de los planetas es asombroso. Nos abre la mente a la posibilidad de que la vida no sea tan plana como pensamos. Esto amplía nuestras capacidades y nos ayuda a ser más receptivos, sin creencias limitantes que bloqueen nuestra percepción. También aumenta nuestra curiosidad por los otros, y profundiza en nuestra comprensión de la naturaleza humana nos vuelve más compasivos, porque comprender que todos tenemos nuestras propias batallas y relacionarnos con mayor conciencia con la gente mejora la aceptación de nosotros mismos y de los demás.

El objetivo de este libro es transmitir mi amor y mi fascinación por la astrología. Aunque pueda parecer inverosímil o fantasioso, te pido que investigues por ti mismo. Busca las descripciones de tus planetas o los de conocidos y compruébalo por ti mismo.

A medida que aprendas el arte de la astrología expandirás tu potencial e irás convirtiéndote en quien de verdad eres. Espero que tras esto puedas ayudar a los demás en su crecimiento, mostrándoles este poderoso y revelador espejo celestial.

Feliz viaje a la tierra encantada de los mitos cósmicos.

JULIANA McCARTHY

INTRODUCIÓN

....

La astrología es un lenguaje. Si entiendes
este lenguaje, el cielo te hablará.
DANE RUDHYAR

La mitología es fundamental para el ser humano. Hace que los sentimientos dispares, los pensamientos erráticos y los sucesos fortuitos cobren sentido. Sin estas historias nos desviaríamos de nuestro propósito vital, deambulando por la vida a trompicones de forma irracional. La astrología es una práctica antigua de mitología sistematizada que está conectada con las estrellas. Como tal, nos proporciona un mapa para navegar mejor por nuestras vidas, infundiéndoles magia, sentido y mayor autoconciencia.

La astrología también es un lenguaje. Al aprender el lenguaje del cielo, podemos estar en comunión con los planetas y las estrellas, y así descifrar mensajes importantes acerca de quiénes somos. Las estrellas nos hablan y la astrología nos enseña a escuchar.

En numerosas ocasiones me he preguntado cómo pueden los sincronismos cósmicos revelar nuestra naturaleza de forma tan exacta. Después de leer innumerables cartas planetarias he comprobado, una y otra vez, el poder y la utilidad de esta práctica. La astrología nos proporciona una continuidad dentro de lo impredecible que es la vida. Expande nuestra consciencia, mejora nuestras relaciones y revela los talentos que podemos ofrecer al mundo.

La astrología es mucho más que nuestro signo solar. Muchos de nosotros sólo nos hemos acercado a la astrología al leer nuestro horóscopo en periódicos y revistas, donde se nos dice, por ejemplo, que los Escorpio somos intensos y manipuladores, los Virgo, tensos y neuróticos, y los Cáncer, malhumorados y excesivamente sensibles. ¿Cómo no vamos a sentirnos limitados si nos creemos estas descripciones reduccionistas y simples de quiénes somos? La astrología tiene muchas más dimensiones.

Cuando miramos nuestra carta natal –el mapa del cielo en el momento en el que respiramos por primera vez– descubrimos que aparecen múltiples planetas además de nuestro Sol y nuestra Luna. Cada planeta representa una faceta distinta de nuestro carácter, nuestras tendencias y nuestro potencial. Al ir aprendiendo sobre nuestros planetas vamos descubriéndonos continuamente y desvelamos cómo podemos vivir de forma más plena.

¿Cuáles son nuestros talentos naturales? ¿Dónde nos encontramos obstáculos continuamente? ¿Cuáles son las claves para nuestro crecimiento espiritual? La astrología nos ayuda a responder estas y más preguntas. Los mitos, los arquetipos y las historias conectadas a nuestras posiciones planetarias nos ayudan a dibujar nuestra alma, tejiendo un profundo e intenso tapiz con nuestra personalidad y nuestras predisposiciones.

Los estudios astrológicos son extensos e innumerables, pero hay que empezar por algún sitio. Este libro es un punto de partida. Muestra los principios básicos de la lectura de cartas natales, que son los signos, los planetas, los aspectos y las casas. Con estos pilares podemos conocer nuestra propia naturaleza según las estrellas. Al acabar el libro, sabrás interpretar una carta natal.

Leyendo nuestra carta natal podemos aprender a aprovechar nuestros dones y conciliarnos con nuestras debilidades. Podemos entender mejor nuestra forma de pensar, de actuar, cómo nos relacionamos y cómo amamos. En resumen, la lectura de cartas revela cómo lograr la comprensión, la satisfacción, la aceptación y la alegría. Nuestro Sol nos aclara lo que nos aporta felicidad y vitalidad, nuestra Luna desvela nuestra naturaleza emocional más profunda y lo que nos satisface, nuestro Venus nos cuenta cómo son nuestros valores y nuestras relaciones, y nuestro Marte señala lo que nos impulsa y las energías que nos estimulan. En resumen, la astrología nos ayuda a conectar de lleno con todo nuestro potencial. Ésta es una lista de los planetas y sus áreas de influencia en nuestras vidas:

PLANETA	SÍMBOLO	ÁREA DE INFLUENCIA
Sol	☉	Uno mismo, preocupaciones principales, vitalidad
Luna	☽	Emociones, instintos, hábitos
Mercurio	☿	Comunicación, intelecto, razón
Venus	♀	Amor, belleza, arte
Marte	♂	Acción, deseo, fuerza
Júpiter	♃	Expansión, optimismo, abundancia
Saturno	♄	Restricción, pesimismo, estructura
Urano	♅	Rebelión, excentricidad, disrupción
Neptuno	♆	Imaginación, sueños, fantasías
Plutón	♇	Transformación, obsesión, poder

Conocer nuestros planetas nos ayuda a alimentarlos de forma consciente y a acercarnos más a nuestra esencia, sin descuidar ninguna faceta de nosotros mismos. Si sabemos, por ejemplo, que nuestro Sol cae en Libra, reconoceremos nuestra necesidad de perseguir cualidades de Libra como la belleza, el amor y la paz para sentirnos alegres y vivos. Si nuestra Luna cae en Leo, sabemos que debemos alimentar periódicamente nuestros deseos leoninos de afecto y adulación para sentirnos realizados. Y si nuestro Marte está en Géminis, sabemos que nos sentiremos enérgicos si nos dedicamos a actividades sociales e intelectuales.

Sean cuales sean nuestros motivos para explorar la astrología, ésta puede constituir una poderosa herramienta para la autoconciencia. A medida que aprendamos este arte cósmico, este lenguaje, podremos convertirnos en nuestros propios guías y desarrollar nuestra verdadera naturaleza. La astrología nos proporciona un nexo entre el mundo terrestre y el astral, el poético y el científico. Jugar con este sistema astral antiguo y lógico nos abre portales a la sabiduría y al alma, entrelazando de una manera preciosa los mitos, los cuentos, la magia y el poder de la adivinación.

LA HISTORIA DE LA ASTROLOGÍA

La astrología es una práctica ancestral nacida hace más de dos mil años. En el segundo milenio a. C., los babilonios fueron los primeros que crearon un sistema organizado de astrología. Inicialmente, lo utilizaban para predecir las estaciones y el tiempo. Después se convirtió en una forma de adivinación celestial.

En el siglo IV a. C., los babilonios introdujeron la astrología entre los griegos y éstos siguieron desarrollando su práctica. Tras las conquistas alejandrinas de Egipto, a finales del siglo II o principios del I a. C., se fusionaron la astrología babilónica y la egipcia en lo que se dio en llamar astrología helenística, que era horoscópica. Ésta incluía un ascendente y doce casas celestes, tal como la conocemos hoy. El enfoque se había trasladado hacia la carta natal individual y la interpretación de las posiciones de los planetas en el momento del nacimiento.

La astrología helenística se extendió rápidamente por todo el mundo antiguo, en Europa y Oriente Medio. Los grandes filósofos y científicos de la época comenzaron a estudiar astrología y pronto se convirtió en una ciencia muy respetada, indisociable de la astronomía. De hecho, muchos científicos y filósofos legendarios como Copérnico, Galileo, Kepler e Isaac Newton eran astrólogos. La consideraban una ciencia del alma.

Durante la época de la Ilustración empezó el declive de la astrología, al tiempo que el materialismo científico empezó a dominar el pensamiento filosófico. Las personas ponían cada vez mayor énfasis en lo tangible, concreto y comprobable, y no en lo esotérico. La astrología se quedó por el camino, clasificada como superstición sin sentido. Sin embargo, no se extinguió. A pesar de sus numerosos detractores, la astrología ha sobrevivido a lo largo del tiempo.

En el siglo XX, astrólogos pioneros como Dane Rudhyar y Charles Carter comenzaron a reformular la astrología, concluyendo que era útil para entender la psique, la personalidad, el carácter y los talentos innatos. El tono se alejó del moralismo y el fatalismo que históricamente habían estado presentes en la astrología y se convirtió en una comprensión espiritual y psicológica más sofisticada. La noción del libre albedrío, de que nuestra vida y nuestra personalidad fluyen y son mutables, se convirtió en la piedra angular de la astrología contemporánea. Empezó a ser reconocida como una poderosa herramienta para el autodescubrimiento.

Carl Jung, el prestigioso fundador de la psicología analítica, contribuyó en gran medida al resurgimiento y a la reformulación de la astrología. Gran parte de su comprensión de la psicología la obtuvo a partir de sus estudios astrológicos. En una carta a Sigmund Freud en 1911, escribió:

Ahora le estoy dando vueltas a la astrología, cuyo conocimiento parece algo imprescindible para la comprensión de la mitología. En estos oscuros dominios existen cosas maravillosamente extrañas. Déjeme, por favor, vagar a mis anchas por estas infinitudes. Traeré un rico botín para el conocimiento de la psique humana.

Las indagaciones de Jung en la astrología fueron fructíferas. Ayudaron a esclarecer la importancia de los arquetipos y del mito en el proceso de conocernos a nosotros mismos y sanar nuestra psique. Jung creía que los símbolos de los arquetipos eran el lenguaje del alma y que nuestras cartas natales nos proporcionaban mapas de quiénes somos. En casos de pacientes difíciles, Jung incluso miraba sus cartas astrológicas. En una carta de 1947 al astrólogo hindú B.V. Raman, Jung escribió:

> En casos de difícil diagnóstico psicológico, normalmente obtengo un horóscopo para tener un punto de vista adicional y perspectiva distinta. Debo decir que en muchas ocasiones los datos astrológicos dilucidaron algunos puntos que de otra manera no habría sido capaz de entender.

La correlación entre los pacientes y sus cartas era tan fuerte que Jung a menudo obtenía más información de las mentes de sus pacientes a través sus cartas natales que tratándolos en persona.

Los estudios de Jung de psicología, astrología y mitología moldearon la astrología moderna. La astrología psicológica se convirtió en la perspectiva astrológica dominante en el siglo XX gracias a la influencia de éste. Hoy en día, muchos astrólogos importantes siguen recomendando la lectura de los trabajos de Jung como referencia fundamental del estudio de la astrología.

Avanzado el siglo XX, la popularidad de la astrología aumentó, en concreto durante la revolución cultural de los años sesenta, momento en el que muchos se interesaron por las prácticas de la filosofía oriental y por la sabiduría antigua. En los años setenta, la astrología se convirtió en una parte integral de la cultura general, con horóscopos en todos los periódicos y revistas principales. La pregunta «¿De qué signo eres?» empezó a ser habitual en las conversaciones.

Hoy la astrología goza de mayor popularidad que nunca. Hay cerca de diez millones de astrólogos trabajando en Estados Unidos, más de dos millones de páginas web que mencionan la astrología y un número creciente de universidades que incluyen la astrología en su plan curricular. Habiendo cautivado la mente y el corazón de muchos pensadores profundos e inteligentes, la astrología ha demostrado ser una poderosa herramienta para la autoconciencia y una forma esclarecedora de entender la psicología y la naturaleza humana. Los mitos celestiales y los arquetipos han demostrado ser verdaderos y universales, resonando durante milenios.

El cosmos es un inmenso ser vivo, del que todavía somos parte. El Sol es un gran corazón cuyos temblores recorren nuestras venas más finas. La Luna es un gran centro nervioso desde el que temblamos eternamente. ¿Quién sabe el poder que ejerce Saturno sobre nosotros?, ¿o Venus? Pero es un poder vital, que nos recorre constantemente de forma exquisita.

D. H. LAWRENCE

CONCEPTOS BÁSICOS

Los pilares básicos de la astrología que necesitamos conocer para leer cartas son los planetas, los signos, las casas y los aspectos. Los **planetas** nos dicen con qué energías humanas trabajamos; los **signos** nos dicen cómo se manifiestan estas energías; las **casas** nos cuentan hacia dónde dirigimos estas energías, o en qué área de la vida las aplicamos; y los **aspectos** o ángulos nos indican cómo se interrelacionan estas energías en nuestro interior.

Antes de avanzar es importante entender que cada uno de nosotros tiene un Sol, una Luna y un ascendente, además de ocho planetas adicionales. Nuestra carta natal consiste en una rueda zodiacal dividida en doce casas que representan distintas facetas de la vida, como el dinero, las relaciones personales, la carrera profesional y la espiritualidad. Nuestros planetas están posicionados a distintos grados dentro de nuestra carta natal, cada uno en una casa. La Tierra siempre se refleja en el centro de nuestra carta y la situación de los planetas dentro de los 360° de la rueda del zodíaco representa sus posiciones con respecto a la Tierra.

El primer paso para involucrarte de lleno en este libro es realizar tu carta natal. Muchos sitios web hacen las cartas gratis si introduces tu fecha, hora y lugar de nacimiento. La mejor web para esto es astro.com. Una vez tengas tu carta y sepas en qué signos caen tus planetas, podrás adentrarte en este libro buscando el significado de cada una de las posiciones.

A continuación encontrarás un ejemplo de una carta natal para que puedas ver la disposición de los conceptos. Ahora mismo te pueden parecer líneas aleatorias y símbolos indescifrables, pero cuando termines el libro tendrás las herramientas necesarias para interpretar su significado. Entenderás el lenguaje de la astrología, sus símbolos, ángulos y mitos, y podrás aplicar este conocimiento a ti mismo y a aquellos a quienes desees conocer mejor. Ten en cuenta que el estudio de la astrología es un proceso continuo e interminable. Podríamos pasarnos toda la vida estudiando astrología y seguir aprendiendo de las innumerables perspectivas, métodos y descubrimientos que siguen perfeccionando nuestra comprensión.

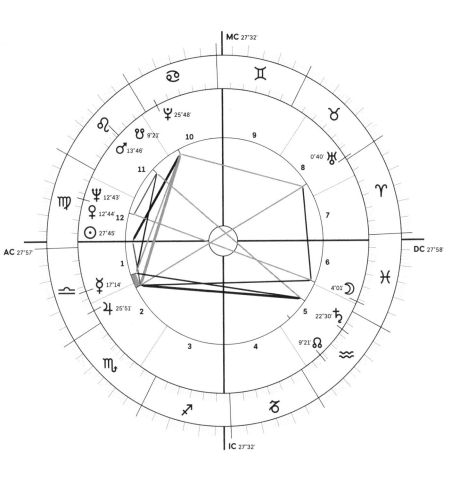

CARTA NATAL DE LEONARD COHEN

Aries	Tauro	Géminis	Cáncer
Leo	Virgo	Libra	Escorpio
Sagitario	Capricornio	Acuario	Piscis

Cuando tengas tu carta natal puedes usar esta lista de signos y sus símbolos como referencia para determinar dónde se sitúan los planetas. También puedes consultar los símbolos de los planetas en el cuadro de la página 3.

UN ARTE INTUITIVO

A medida que aprendemos el arte de la astrología, es importante adentrarnos en nuestra mente intuitiva, reflexionar sobre los arquetipos y, más que pensar en ellos de forma racional, sentirlos. Por ejemplo, sabiendo que Géminis es sociable, comunicativo e intelectual, podríamos intentar contemplarlo desde el corazón, notando cómo se manifiesta esa energía en nuestro interior. ¿Cómo nos sentimos cuando operamos principalmente desde nuestra mente? ¿Somos curiosos, habladores y rápidos? O, en el caso de Venus, el planeta del amor, del romance, el lujo y la estética, podemos de nuevo adentrarnos en nuestro corazón y fijarnos

SOMOS ESTRELLAS

en qué sentimos al conectar con nuestro lado romántico y con nuestro amor por la belleza y el arte. Así conectamos con Venus directa e intuitivamente.

Una vez nos sentimos cómodos con nuestras impresiones de estas energías, podemos validarlas con otra persona. Por ejemplo, con relación a Tauro, podríamos comenzar considerando las cualidades principales de este signo, que es sensual, sin pretensiones y prudente. Después de considerar estos rasgos, percibiendo cómo se manifiestan en nuestra persona, podríamos buscar a alguien a quien conozcamos o una persona famosa a la que domine Tauro en su carta. ¿Qué nos transmite esta persona? ¿Encarna los rasgos lentos y sensuales de este signo?

De la misma manera, ¿cómo se siente alguien que tiene Marte como planeta dominante (o Aries dominado por Marte) en su carta? ¿Parece apasionado, impulsivo y seguro de sí mismo? ¿Resultan evidentes sus cualidades de Marte? Así es como podemos iniciarnos en el divertido e iluminador camino de la exploración astrológica intuitiva, guiándonos por la experiencia, más que por el mero estudio y la memorización de datos.

Las intensas ilustraciones de este libro, creadas por el talentoso artista Alejandro Cardenas, sirven para ayudarnos a conectar de forma más visceral con las energías y los arquetipos astrológicos. Recomiendo detenerse en ellas a medida que vayamos avanzando y ver cómo se alinean con las descripciones de los signos. Permite que estas imágenes penetren en tu mente no pensante.

Por ejemplo, mirando la imagen de Capricornio *(véase la página 58)*, ¿en qué te fijas? Capricornio está representado por el torso de una cabra y una cola de pez. ¿Qué te suscita la imagen de esta combinación? ¿Qué sentimientos o asociaciones surgen al pensar en la cabra firme que poco a poco sube la montaña, dando un paso tras otro, y que a su vez se sumerge en las profundidades del océano? Puede que esto represente una habilidad para conectar con el fluido mundo de las emociones y la espiritualidad a la vez que abarca el pragmatismo y las habilidades terrenales. Compara la descripción de Capricornio con la ilustración y detente en lo que ves y lo que sientes. Poder conectar con nuestra mente intuitiva de esta manera, con pinceladas del sentir y observar de forma no intelectual, es importante en el arte de la astrología, que es sistemática e intuitiva a partes iguales.

LA VISIÓN GENERAL

Al ir comprendiendo las distintas dimensiones de la astrología e ir tejiendo la tela cósmica de quiénes somos, vamos disponiendo de un marco lógico y profundo que nos ayuda a dar sentido a nuestras incoherencias. Al fin y al cabo, somos seres polifacéticos, complejos y contradictorios. Podemos ser contenidos en ciertos momentos, y libres y desenfrenados en otros. O necesitar mucha seguridad emocional y a la vez grandes dosis de aventura y espontaneidad. En lugar de sentir ansiedad o confusión por nuestras paradojas, podemos arrojar luz sobre éstas utilizando la astrología para entenderlas mejor. Así, podremos acercarnos a nosotros mismos y a los demás con mayor conocimiento, compasión y objetividad.

A la vez que la astrología gana popularidad, este arte atemporal nos brinda la posibilidad de aumentar nuestra sabiduría. Puede ayudarnos a desarrollar tolerancia, profundidad y humor, encontrando más sentido y mayor conexión, creciendo y acercándonos a nuestro verdadero ser. Podemos apreciar mejor nuestros talentos y abrazar nuestros retos con humildad. Desde ese lugar podremos descubrir nuestro verdadero propósito. ¿Cuáles son nuestros dones y cómo podemos ofrecerlos al mundo de manera alegre y cargada de sentido?

Al empezar a aprender este arte místico y práctico, ten presente la noción presentada en el prólogo: no hay malos aspectos o posiciones de los planetas. Allí donde encontramos dificultades aparece nuestra oportunidad de sanar, de empatizar y el deseo de ayudarnos unos a otros. Dicho de otro modo: nuestro dolor se puede convertir en nuestro mayor regalo.

Por supuesto, nosotros decidimos qué hacer con nuestro talento. Como se suele decir, los planetas predisponen, no determinan. En última instancia, nuestra vida la gobierna nuestro libre albedrío.

1

LOS SIGNOS

Los doce arquetipos de la personalidad

Los doce signos del zodíaco son el fundamento de la astrología. Representan los arquetipos o personalidades presentes en la naturaleza humana. Llenos de símbolos, mitos e imágenes, con los signos empieza nuestro viaje de autodescubrimiento. Mientras que la mayoría conocemos nuestro signo solar (comentado en el capítulo 2), nuestra personalidad en realidad incluye los doce signos del zodíaco. Algunos signos tienen más peso que otros, dependiendo de las posiciones de los planetas en el momento en el que nacimos. Por ejemplo, si muchos de nuestros planetas caen en Cáncer, este signo será dominante en nuestra personalidad. Por el contrario, con una carta sin planetas en Capricornio, nuestros rasgos de este signo estarán ocultos o poco desarrollados.

EL ZODÍACO

Para entender realmente los signos del zodíaco, ayuda conocer en primer lugar el significado exacto de la palabra *zodíaco*. El zodíaco es un círculo alargado que atraviesa el cielo, extendiéndose 8° por encima y por debajo de la *eclíptica*, que es el plano que genera la

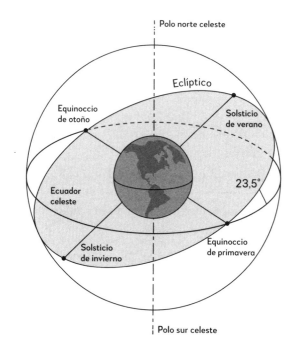

trayectoria del Sol desde la perspectiva de la Tierra. Este círculo incluye las órbitas de todos los planetas que giran alrededor del Sol, excepto Plutón, que tiene un recorrido especialmente ancho. El zodíaco también incluye los planetas visibles desde la Tierra. En la Antigüedad observaron que las figuras que formaban las estrellas más brillantes parecían animales y por ello se empezó a conocer el círculo de constelaciones como el zodíaco, que tiene su origen en la palabra griega *zodiakos*, que significa «círculo de animales».

En astrología, nuestra carta natal consiste en una rueda del zodíaco, un círculo perfecto de 360° que representa la eclíptica. Este círculo se divide en doce signos de unos 30° cada uno. Los signos se corresponden aproximadamente con las constelacio-

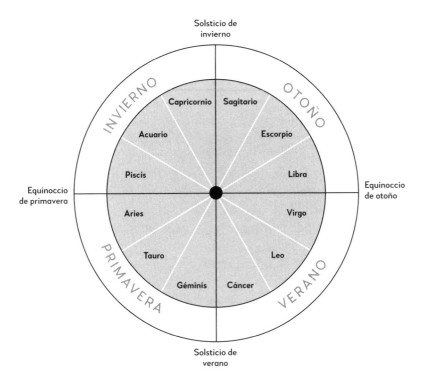

Solsticio de invierno

INVIERNO

OTOÑO

Capricornio Sagitario

Acuario

Escorpio

Piscis

Libra

Equinoccio de primavera

Equinoccio de otoño

Aries

Virgo

Tauro

Leo

PRIMAVERA

Géminis Cáncer

VERANO

Solsticio de verano

nes, con Aries situado en el equinoccio de primavera, Cáncer en el solsticio de verano, Libra en el equinoccio de otoño y Capricornio en el solsticio de invierno.

Los signos del zodíaco tienen nombres de animales o figuras que fueron asignados por astrólogos antiguos inspirados en las constelaciones. Cada signo y cada constelación tienen su propia historia, que ha ido pasando de generación en generación durante milenios a través de la mitología antigua. Estos mitos siguen constituyendo nuestra forma de entender los arquetipos astrológicos.

El punto de partida ideal para el estudio astrológico es aprender bien los signos, ya que ese conocimiento se aplica en el resto de las áreas de interpretación de cartas. Todos tenemos un Sol, una Luna, un ascendente y ocho planetas adicionales, cada uno posicionado en distintos signos que revelan facetas de nuestra personalidad. Para entender la posición de cualquiera de nuestros planetas, primero debemos familiarizarnos con los signos y comprender profundamente sus características y sus energías únicas.

Los signos operan con un patrón cíclico. Empezamos nuestro viaje en Aries, el pionero y el primogénito del zodíaco; después pasamos a Tauro, que despierta nuestro cuerpo; Géminis, que abre nuestro intelecto; Cáncer, que nos conecta con las emociones; y Leo, que revela nuestra expresión creativa. A partir de Leo, los signos se vuelven progresivamente más complejos hasta acabar en Piscis, que representa la espiritualidad, la trascendencia y la unidad. Como último signo, Piscis engloba todos los signos anteriores. Después de él, volvemos a nuestros cuerpos y empezamos de nuevo en Aries, signo de nacimiento, frescura y primavera.

DUALIDADES, TRIPLICIDADES Y CUADRUPLICIDADES

Hay tres agrupaciones principales de los signos que nos ayudan a entenderlos mejor. En primer lugar, encontramos dualidades. Cada signo se clasifica como masculino o femenino. Los signos masculinos son directos, extrovertidos y enérgicos, mientras que los femeninos son más receptivos y contenidos.

MASCULINO	FEMENINO
Aries	Tauro
Géminis	Cáncer
Leo	Virgo
Libra	Escorpio
Sagitario	Capricornio
Acuario	Piscis

En segundo lugar, clasificamos los signos según sus **elementos** y **cualidades**, llamados también **triplicidades** y **cuadruplicidades**. Los **elementos** (o triplicidades) son **fuego**, **tierra**, **aire** y **agua**. Los signos de fuego son entusiastas, espontáneos e inspiradores (Aries, Leo, Sagitario). Los signos de tierra son estables, lentos y pragmáticos (Tauro, Virgo, Capricornio). Los signos de aire son intelectuales, sociables y comunicativos (Géminis, Libra

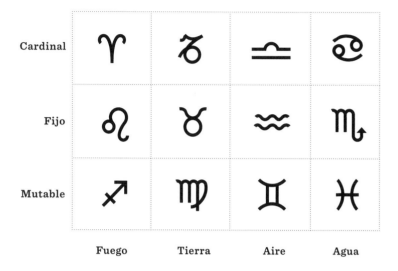

	Fuego	Tierra	Aire	Agua
Cardinal	♈	♑	♎	♋
Fijo	♌	♉	♒	♏
Mutable	♐	♍	♊	♓

y Acuario), y los signos de agua son sensibles, intuitivos y emocionales (Cáncer, Escorpio, Piscis).

Las **cualidades** (o cuadruplicidades) representan las tres condiciones básicas de la vida: la creación, la conservación y la transformación. Los signos **cardinales** (Aries, Cáncer, Libra y Capricornio) están conectados con la creación y con el comienzo de las estaciones. Los signos **fijos** (Tauro, Leo, Escorpio y Acuario) encarnan las cualidades de conservación, estabilidad y fiabilidad. Marcan el punto medio de cada estación. Los signos **mutables** (Géminis, Virgo, Sagitario y Piscis) tienen que ver con la transformación, la flexibilidad, el cambio y la adaptabilidad, y aparecen al final de cada estación.

A partir de aquí estudiaremos cada signo recorriendo el viaje zodiacal. En las páginas siguientes conoceremos el planeta regente de cada signo, su símbolo y el mito griego que le corresponde. Tómate tu tiempo para contemplar las imágenes, las descripciones y las historias mitológicas. Abrirán tu mente intuitiva, que es esencial para leer cartas. También se incluyen algunos elementos zodiacales menos tradicionales, como los colores o las piedras preciosas, que pueden aportar mayor comprensión de cada signo porque explican los conceptos a partir de metáforas más terrenales.

ARIES

EL LÍDER

PLANETA REGENTE	Marte, planeta de la sexualidad y de la fuerza
SÍMBOLO	El carnero
RASGOS PRINCIPALES	Valiente / Testarudo
DUALIDAD	Masculino
ELEMENTO	Fuego
CUALIDAD	Cardinal
PALABRAS CLAVE	YO SOY
PARTES DEL CUERPO	Cabeza, cara, glándulas suprarrenales, sangre
COLOR	Rojo, el color de la pasión
PIEDRAS PRECIOSAS	Piedra de sangre, venturina, diamante
ATRIBUTOS	Obstinado, agresivo, entusiasta, inocente, independiente, directo
INTERESES	Caza, asumir riesgos, esgrima, carreras, competir
MOTIVACIÓN	Ser pionero

PROGRESIÓN Y PLANETAS

Al ser el primer signo del zodíaco, Aries representa el principio del viaje mitológico por las estrellas. Aries también representa el comienzo de las estaciones y la energía de la vitalidad, la de las crías de los animales y los primeros brotes de primavera. El último signo del zodíaco es Piscis, que es envolvente, espiritual y soñador. Cuando regresamos a Aries, volvemos de un salto a nuestros cuerpos, empezando de nuevo con frescura, inexperiencia y simplicidad. Regido por Marte, el planeta del esfuerzo físico, la energía de Aries es inagotable. Lidera a los demás con valentía, marcando el camino sin pensárselo dos veces.

EL SÍMBOLO

Simbolizado por el carnero, Aries carga contra sus contrincantes, sin temer darse cabezazos. Mientras que las ovejas son pasivas, los carneros pueden ser dominantes e incluso peligrosos. De una intrepidez incomparable, Aries se lanza a territorios desconocidos y el resto lo sigue. A veces su energía se manifiesta como franqueza, porque dice lo que piensa sin dudar. Aunque su descarada sinceridad pueda ofender, nace de la autenticidad y de la inocencia. A menudo no es consciente de los sentimientos que ha herido, pero esta simplicidad y franqueza son parte del encanto de Aries.

El mito más asociado con Aries es la historia griega de Frixo y Hele, hijos del rey Atamante. Su madrastra, Ino, los odiaba e ideó un retorcido plan para que los mataran. Justo antes de su asesinato, un carnero mágico con el vellón dorado llegó volando para salvarlos. Había sido enviado por Néfele, su madre biológica y anterior esposa de Atamante. El carnero voló con los niños a lomos y los llevó a un lugar seguro. El vellocino de oro se desprendió entonces del carnero, y continuó siendo fuente de inspiración y leyenda. Zeus colocó la imagen del carnero en el cielo para inmortalizar su valentía. Desde allí, Aries simboliza el liderazgo y el coraje, junto con los poderes protectores de su legendario vellocino de oro.

TAURO

EL SENSUAL

20 de abril-20 de mayo

PLANETA REGENTE	Venus, planeta del amor y la belleza
SÍMBOLO	El toro
RASGOS PRINCIPALES	Fiable / Materialista
DUALIDAD	Femenino
ELEMENTO	Tierra
CUALIDAD	Fijo
PALABRAS CLAVE	YO TENGO
PARTES DEL CUERPO	Garganta, cuello, mandíbula, laringe
COLOR	Verde, el color de la tierra
PIEDRAS PRECIOSAS	Cornalina, jade, esmeralda
ATRIBUTOS	Estable, paciente, elegante, resolutivo, orientado a la seguridad, decadente
INTERESES	Jardinería, danza, belleza personal, yoga, artes sensuales
MOTIVACIÓN	Disfrutar

PROGRESIÓN Y PLANETAS

Tauro nos aleja de la impulsividad de Aries, enseñándonos a reducir el ritmo y conectar con nuestro cuerpo. Así como Aries nos envalentona, Tauro aporta quietud y silencio. Junto con Libra, Tauro es uno de los dos signos del zodíaco regidos por Venus, el planeta de la belleza y del amor. Éste se alinea con la primavera en su cenit, cuando las flores están en su esplendor, y llena de riqueza el hemisferio norte. Cuando Venus vuelve a regir en Libra, las hojas están cambiando y el mundo es de nuevo una explosión de color. Tauro representa las facetas más terrenales de Venus. Disfruta del placer, priorizando por encima de todo la seguridad material y el amor sensual.

EL SÍMBOLO

Representado por el toro, Tauro es pausado y tozudo, con la cabeza mirando al suelo, hacia la tierra. Como el toro es un animal grande y robusto, su cuerpo está anclado al suelo por su magnitud y por la fuerza de la gravedad. Con pasos lentos y seguros, Tauro se toma su tiempo para abrir su corazón a la vulnerabilidad. Cuando lo hace, su poder es evidente. Despierta nuestros sentidos, conectándonos con nuestros cuerpos y con las virtudes del placer terrenal.

El mito griego de Tauro procede de la historia de Cerus, un toro enorme y potente, que no pertenecía a nadie. Perséfone, la diosa de la primavera, lo encontró un día pisoteando un campo de flores sin darse cuenta. Aunque no hablaba, el toro entendía a Perséfone y ella lo calmaba con su sola presencia. Perséfone le enseñó paciencia y cómo controlar su propia fuerza. A partir de entonces, cada año, ella y Cerus se reunían al principio de la primavera. Sentada sobre el toro, Perséfone hacía que los campos florecieran. En otoño, cuando Perséfone volvía junto a Hades, Cerus regresaba al cielo nocturno en forma de constelación. Desde allí nos recuerda la estabilidad, la lealtad y esplendor terrenal.

♊ GÉMINIS

EL INTELECTUAL

21 de mayo-20 de junio

PLANETA REGENTE	Mercurio, planeta de la comunicación y el intelecto
SÍMBOLO	Los gemelos
RASGOS PRINCIPALES	Inteligente / Falso
DUALIDAD	Tanto masculino como femenino
ELEMENTO	Aire
CUALIDAD	Mutable
PALABRAS CLAVE	YO PIENSO
PARTES DEL CUERPO	Brazos, manos, hombros, pulmones, sistema nervioso
COLOR	Amarillo, el color de la iluminación
PIEDRAS PRECIOSAS	Ágata, citrino, zafiro
ATRIBUTOS	Comunicativo, ingenioso, adaptable, sinérgico, travieso, voluble
INTERESES	Debatir, leer, comedia, tenis, cotillear
MOTIVACIÓN	Adquirir conocimiento

PROGRESIÓN Y PLANETAS

Géminis llega justo después de Tauro, ayudándonos a elevar nuestra mirada del cuerpo a la mente y así poder dominar el intelecto. Regido por Mercurio, el planeta de la comunicación, Géminis se mueve con rapidez, saltando de un tema a otro. Recopila información para ampliar su conocimiento y compartirlo con los demás. Como gran embaucador al que siempre lo mueve la curiosidad, Géminis tiende a ser falso y a causar problemas, pero sólo si tiene el corazón cerrado. De intenciones puras, Géminis es un maestro habilidoso que revela su sabiduría con elocuencia y agudeza mental.

EL SÍMBOLO

Representado por los gemelos, Géminis es conocido por tener dos caras o personalidades, así como por ser hipócrita. Su naturaleza dual se presta a la adaptabilidad y es capaz de explorar las distintas caras de las ideas o situaciones. Los Géminis tienen muchos amigos y conocidos, pues la reciprocidad es importante para ellos y les encanta enseñar a otros mientras intercambian ideas y ocurrencias. Son curiosos e inquietos, con mentes activas que rara vez descansan.

Según el mito griego, los Gemini (gemelos) representan a los hermanos Cástor y Pólux. Jóvenes y aventureros, compartían su vida con curiosidad y entusiasmo. Cástor era mortal, y Pólux, inmortal. Llegado el momento, Cástor murió y Pólux quedó destrozado. Éste acudió a su padre, Zeus, suplicándole que lo ayudara. Zeus le permitió a Pólux compartir su inmortalidad con Cástor, transformándolos en la constelación de Géminis para que pudieran vivir juntos eternamente. Desde el cielo, los gemelos nos recuerdan la complejidad humana, ya que encarnan la mortalidad y la divinidad, la separación y la unión.

CÁNCER

EL QUE SIENTE

21 de junio-22 de julio

PLANETA REGENTE	La Luna, que rige las emociones
SÍMBOLO	El cangrejo
RASGOS PRINCIPALES	Sensible / Temperamental
DUALIDAD	Femenino
ELEMENTO	Agua
CUALIDAD	Cardinal
PALABRAS CLAVE	YO SIENTO
PARTES DEL CUERPO	Pechos y estómago
COLOR	Plata, el color de la Luna
PIEDRAS PRECIOSAS	Piedra luna, plata, perla
ATRIBUTOS	Cuidador, temperamental, maternal, empático, orientado a la familia, dependiente
INTERESES	Cocinar para amigos, voluntariado, darse largos baños, quedarse en casa, coleccionar
MOTIVACIÓN	Cuidar

PROGRESIÓN Y PLANETAS

Seguimos viajando con Cáncer desde el intelecto de Géminis hasta el terreno de las emociones. Este signo femenino es altamente sensible y perceptivo. Al regirse por la Luna, que representa la crianza, los sentimientos y la maternidad, Cáncer siente profundamente y le encanta cuidar de los demás. Inestable y temperamental, cambia como la marea, movido por fuerzas invisibles. Suele tener éxito trabajando de cara al público, con otras personas. Sabe adaptar su comportamiento según el humor y la energía con la que se encuentra y lo hace con una sutileza e intuición excepcionales. Cáncer es el arquetipo de madre, receptiva de forma natural, profunda e imaginativa, cuidando de sus seres queridos.

EL SÍMBOLO

Representado por el cangrejo, Cáncer lleva su hogar a cuestas. Esto le da una gran fortaleza por fuera, pero a veces le impide mostrar su interior más tierno. Utiliza las pinzas para protegerse del dolor que implica ser profundamente sensible y vulnerable. Es capaz de percibir lo que sienten los otros con una habilidad casi paranormal. Su caparazón es la barrera que le permite defenderse de los demás. El hogar es muy importante para el cangrejo, que necesita mucho tiempo a solas para regenerarse, siempre en un ambiente cómodo y acogedor. Cuando se siente seguro, nadie cuida más que el cangrejo, que baila con sus seres queridos en un mar de emociones, extendiendo a quienquiera que esté cerca su visceral sentido del hogar.

Según el mito griego, Cáncer era un cangrejo gigante que se llamaba Cárcinos, responsable de proteger a las ninfas marinas en el reino de Poseidón. Era enorme e inmortal y se tomaba muy en serio su papel de protector. Un día, unas ninfas marinas se escaparon y Cárcinos envió a buscarlas a un calamar gigante. Sin embargo, el calamar las devoró y, a su regreso, Cárcinos luchó contra él hasta matarlo. Pero el cangrejo quedó lisiado y con dolores terribles. Para recompensar su heroísmo, Poseidón alivió el dolor de Cárcinos colocándolo en el cielo como la constelación de Cáncer. Desde allí nos recuerda la protección, el cuidado y la fuerza de la vulnerabilidad.

♌
LEO

EL ARTISTA

23 de julio-22 de agosto

PLANETA REGENTE	El Sol, que rige el ego y la expresión de uno mismo
SÍMBOLO	El león
RASGOS PRINCIPALES	Expresivo / Egocéntrico
DUALIDAD	Masculino
ELEMENTO	Fuego
CUALIDAD	Fijo
PALABRAS CLAVE	YO LO HARÉ
PARTES DEL CUERPO	Corazón y espalda
COLOR	Oro, el color del sol
PIEDRAS PRECIOSAS	Ónix, oro, rubí
ATRIBUTOS	Cercano, leal, orgulloso, teatral, radiante, feroz
INTERESES	Actuar, tomar el sol, abrazar, recaudar fondos, jugar
MOTIVACIÓN	Impresionar

PROGRESIÓN Y PLANETAS

Avanzamos por el viaje del zodíaco con Leo, que nos lleva de la sensibilidad y emotividad de Cáncer a una expresión más extrovertida y juguetona. Regido por el Sol, Leo se centra en el corazón, es cercano y se siente cómodo cuando los demás giran a su alrededor. Como los poderosos rayos de sol, su expresión creativa es brillante e ilimitada. Despliega sin miedo lealtad y alegría hacia quienes tiene cerca. Leo, al identificarse tanto con el Sol, el centro de nuestra galaxia, debe cuidarse de no caer en el ensimismamiento y el egocentrismo.

EL SÍMBOLO

Simbolizado por el león, Leo es fuerte y seguro de sí mismo, rugiendo libremente mientras exhibe su cabellera dorada. Amoroso y amable, el majestuoso león prefiere ser rey o reina y gobernar con inconmensurable compasión. Pero si su ego crece demasiado, el león se puede desequilibrar y actuar con orgullo, vanidad y arrogancia, en lugar de con su bondad innata. Mimoso y afectuoso, el león puede ser un compañero y amigo cariñoso, encantado cuando otros disfrutan de su luz.

Según el mito griego, Leo era un monstruo mítico conocido como el León de Nemea. Heracles debía matarlo como uno de sus doce trabajos, hazaña que se pensaba imposible. Como el león era inmune a las armas, Heracles, que era astuto, acabó matándolo con sus propias manos. Al comprobar los poderes protectores de la piel del León, Heracles lo despellejó y se hizo una capa y un casco con su piel y su cabeza. El espíritu del león está representado en el cielo como la constelación de Leo, recordándonos el poder mítico y la fuerza mágica del león.

VIRGO

EL AYUDANTE

23 de agosto-22 de septiembre

PLANETA REGENTE	Mercurio, planeta de la comunicación y el intelecto
SÍMBOLO	La virgen
RASGOS PRINCIPALES	Reflexivo / Sentencioso
DUALIDAD	Femenino
ELEMENTO	Tierra
CUALIDAD	Mutable
PALABRAS CLAVE	YO ANALIZO
PARTE DEL CUERPO	Intestinos
COLOR	Azul, el color de la calma
PIEDRAS PRECIOSAS	Cornalina, amazonita, zafiro
ATRIBUTOS	Organizado, lógico, orientado a la salud, devoto, humilde, perfeccionista
INTERESES	Cuidar de los animales, editar, escribir, organizar, nutrición
MOTIVACIÓN	Servir a los demás

PROGRESIÓN Y PLANETAS

Virgo avanza desde la vistosidad de Leo hacia una actitud humilde y de servicio a los demás. Regido por Mercurio, planeta de la inteligencia y la comunicación, Virgo es un maestro de la palabra, como Géminis, el otro signo regido por este planeta. Sin embargo, Virgo muestra un estilo más cuidadoso que Géminis, así como un perfeccionismo orientado al detalle. El análisis permanente y la inteligencia de Virgo en ocasiones pueden derivar en juicios y críticas. Sin embargo, su lealtad es incomparable y aplica con facilidad su inteligencia lógica a la solución de problemas y a ayudar a quienes lo necesitan.

EL SÍMBOLO

Representado por una virgen, uno de los rasgos clave de Virgo es su amor a la pureza. Se dedica con lealtad e intenciones puras al cuidado de sus amigos e incluso de los extraños. Su apariencia a menudo resulta fría, pero se suaviza en cuanto te ganas su confianza. En ese momento aparece el Virgo afectuoso, dulce, mágico y cercano. En latín, la palabra *virgo* significa «autónomo», acepción posiblemente más acertada para definir este signo que la literal, «virgen». Autosuficiente, Virgo se dedica a servir a la tierra y todos sus seres cuidando en primera instancia de sí mismo. Trabaja duro en beneficio de los demás, siempre y cuando reciba el respeto y la gratitud apropiados.

Astrea es posiblemente la diosa griega más interesante asociada con Virgo. Fue la última de los seres celestiales en dejar la Tierra al principio de la Edad de Bronce, tras ser testigo de la degeneración del ser humano. Diosa de la inocencia y de la pureza, Astrea era una virgen que cuidaba de la humanidad. Cuando dejó la Tierra, apareció en el cielo como la constelación de Virgo. Muchos creen que la constelación adyacente de Libra representa la balanza de la justicia de Astrea. Brillando desde el cielo, Virgo nos recuerda la virtud, mientras espera volver a la Tierra con forma angelical, como embajadora de una nueva edad dorada.

LIBRA

EL ROMÁNTICO

23 de septiembre-22 de octubre

PLANETA REGENTE	Venus, planeta del amor y la belleza
SÍMBOLO	La balanza
RASGOS PRINCIPALES	Romántico / Indeciso
DUALIDAD	Masculino
ELEMENTO	Aire
CUALIDAD	Cardinal
PALABRAS CLAVE	YO EQUILIBRO
PARTES DEL CUERPO	Glúteos, páncreas y riñones
COLOR	Rosa, el color del romanticismo
PIEDRAS PRECIOSAS	Ópalo, turmalina rosa, cuarzo rosa
ATRIBUTOS	Justo, colaborador, elegante, indeciso, diplomático, refinado
INTERESES	Romance, conciertos, museos, composición musical, creación artística
MOTIVACIÓN	Amar y ser amado

PROGRESIÓN Y PLANETAS

Libra avanza desde la austeridad y la criticidad de Virgo hasta cualidades como el encanto, el amor, la alianza y el talento artístico. Al llegar a Libra, Venus, su planeta regente, muestra su irresistible esplendor. Las hojas del hemisferio norte adquieren colores brillantes como los naranjas, rojos y amarillos del otoño temprano. De hecho, Libra llena de atractivo estético todo lo que toca, inspirando equilibrio y serenidad en los proyectos artísticos, las relaciones y los encuentros sociales. Es el signo que con mayor probabilidad llegará con un ramo de flores exquisito a su casa, que habrá decorado con sensibilidad y estilo, y susurrará frases de amor al oído de aquellos a quienes ama.

EL SÍMBOLO

Representado por la balanza, Libra simboliza la justicia y el equilibrio. Al tomarse su tiempo para decidir, Libra puede quedarse estancado mientras sopesa ambos lados de un asunto. Aries, el opuesto de Libra, es decidido pero burdo, mientras que Libra es refinado y educado, aunque a menudo frenado por la duda. Buscando mantener la balanza en equilibrio, Libra muestra diplomacia, elegancia y gracia, envolviendo a sus amigos y socios en su magnanimidad y aprecio. A pesar de su naturaleza tranquila, Libra puede ser un gran defensor de lo moral, ya que posee un implacable sentido de la justicia. Puede defender lo correcto con delicadeza, equilibrando lo que sea injusto o esté descompensado.

El mito principal de Libra gira en torno a la diosa griega Astrea, representada por la constelación de Virgo. Astrea era la diosa de la inocencia y de la pureza que vivió en la Tierra como un ser celestial. Finalmente huyó, escapando del ataque de la depravación humana que apareció al inicio de la Edad de Bronce. Astrea representaba la justicia, como su madre, Temis, la diosa de la justicia divina. Cuando Zeus colocó a Astrea en el cielo, ésta sujetaba la balanza de la justicia, representada por la constelación de Libra. La balanza de Libra nos recuerda la armonía, la delicadeza y la justicia. Ayuda a Astrea a mantener su posición en el cielo hasta el día en el que vuelva a la Tierra como la gobernante de una nueva era dorada.

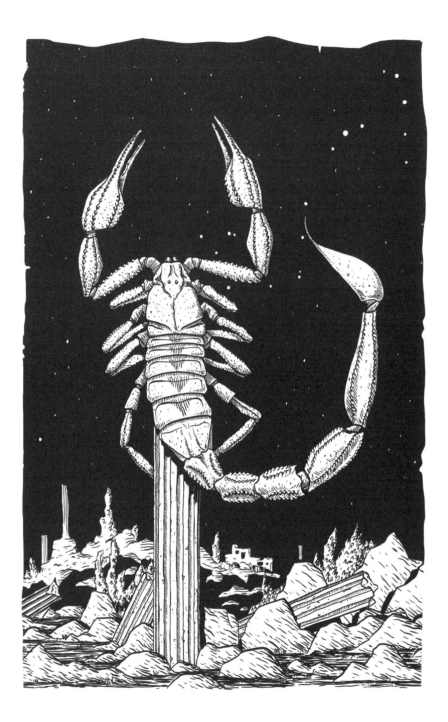

♏ ESCORPIO

EL CHAMÁN

23 de octubre-21 de noviembre

PLANETAS REGENTES	Marte y Plutón, planetas de la sexualidad y el poder
SÍMBOLO	El escorpión
RASGOS PRINCIPALES	Apasionado / Destructivo
DUALIDAD	Femenino
ELEMENTO	Agua
CUALIDAD	Fijo
PALABRAS CLAVE	YO CREO
PARTE DEL CUERPO	Órganos reproductores
COLOR	Negro, el color del misterio
PIEDRAS PRECIOSAS	Turquesa, labradorita, topacio
ATRIBUTOS	Íntimo, misterioso, magnético, poderoso, intenso, obsesivo
INTERESES	Investigación, ciencia, psicología, juguetear, magia
MOTIVACIÓN	Transformar

Escorpio representa el desplazamiento hacia los signos más internos, relacionados con un clima más frío y con las estaciones de introspección. Nos alejamos de la sutileza y la conversación superficial de Libra para acercarnos a la necesidad de Escorpio de enfrentarse a la verdad más incómoda con el objetivo de crecer. Plutón y Marte rigen Escorpio, representando el proceso de la muerte y el renacimiento, la destrucción y la transformación. Escorpio es el signo más misterioso y extremo del zodíaco y no teme bajar a las profundidades. Se sumerge de buena gana en la intensidad, transformando los retos en sabiduría espiritual gracias a su alquimia. Marte y Plutón son planetas dominantes y posesivos, así que el mayor logro espiritual de Escorpio es dominar el arte de la rendición. Si falla, se puede encontrar atrapado en la obsesión o la angustia emocional. Al representar el arte de dejar ir, no hay otro signo con mayor efecto de transformación. Al fin y al cabo, Escorpio es el chamán, que posee cualidades místicas y de psicólogo, que ayuda a curar nuestras heridas más profundas tomándonos de la mano mientras nos enfrentamos a nuestra oscuridad con la luz de la conciencia.

EL SÍMBOLO

El símbolo clásico de Escorpio es el escorpión. Sin embargo, hay dos figuras más que representan a Escorpio: el águila y el fénix. Estos tres símbolos representan los distintos niveles del crecimiento espiritual de Escorpio. Cuando se ve sobrepasado por emociones difíciles, el escorpión se desliza por el suelo, escondiéndose en los oscuros rincones de la represión, preparado para picar cuando se vea amenazado. El águila también puede atacar en cualquier momento, pero, a diferencia del escorpión, planea por el cielo, segura de sí misma, a la vista, libre. El ave planea perspicaz, fijándose en sutilezas que para otros pasan desapercibidas. El fénix es el símbolo más evolucionado, representando la cualidad de transformación de Escorpio, como un ave mitológica que se regenera de forma periódica. Muere en llamas y resurge de sus cenizas, creando vida tras la destrucción. De forma similar, el poder del Escorpio viene de su predisposición a abrirse completamente al miedo y a encontrar regeneración espiritual en las pequeñas muertes del ego.

EL MITO

El mito que más se asocia con Escorpio tiene que ver con el dios Orión y la diosa Artemisa. Un día Orión alardeaba de ser el mejor cazador que hubiera existido y aseguró que mataría a todas las criaturas de la Tierra para demostrarlo. Artemisa, diosa de la caza, no le contestó ni defendió su estatus como la mejor cazadora porque estaba enamorada de él. Esto irritaba a Apolo, hermano gemelo de Artemisa, que comenzó a trabajar con Gaia, la gran diosa de la Tierra, para crear un escorpión que pudiera matar a Orión. Al final, ambos lucharon y ganó el escorpión. Zeus colocó entonces a esta criatura en el cielo como reconocimiento por su buena obra. Situó al escorpión en el lado opuesto a Orión para evitar que se pelearan. Se dice que Orión aparece en invierno para cazar, huyendo en verano cuando aparece Escorpio. Como constelación, inmortaliza la ferocidad y la valentía del escorpión, recordándonos su poder, así como el destino de la soberbia y la brutalidad de Orión.

SAGITARIO

EL FILÓSOFO

PLANETA REGENTE	Júpiter, planeta de la suerte y la expansión
SÍMBOLO	El centauro
RASGOS PRINCIPALES	Inspirador / Inquieto
DUALIDAD	Masculino
ELEMENTO	Fuego
CUALIDAD	Mutable
PALABRAS CLAVE	YO PERCIBO
PARTES DEL CUERPO	Caderas y muslos
COLOR	Naranja, el color de la inspiración ardiente
PIEDRAS PRECIOSAS	Amatista, granate, cuarzo ahumado
ATRIBUTOS	Aventurero, mentalidad abierta, honesto, temerario, sincero
INTERESES	Viajar, montar a caballo, acampar, explorar, tiro con arco
MOTIVACIÓN	Buscar la verdad

Sagitario continúa la búsqueda de la sabiduría de Escorpio, trasladando el enfoque desde el profundo trabajo interno hacia el exterior, donde indaga con actitud alegre la verdad y la aventura. Opuesto a Géminis, cuya misión es acumular conocimiento, el camino de Sagitario es convertir esa información en sabiduría, a veces realizando estudios superiores. Regido por Júpiter, planeta de la religión y de la exageración, Sagitario está dispuesto a idear creencias y filosofías, en ocasiones llevándolas demasiado lejos. Esto se puede manifestar como dogma o imprudencia, ya que Sagitario afirma sus conclusiones con fuerza y vigor. Paralelamente, posee un enorme optimismo, alegría y buen humor. Igual que a Júpiter, su poderoso regente, no lo atan limitaciones. Como ardiente y entusiasta buscador de emociones, Sagitario a menudo es atleta o apasionado aventurero.

EL SÍMBOLO

Representado por el centauro arquero, Sagitario apunta su flecha hacia la verdad abstracta y hacia tierras lejanas, galopando hacia el horizonte en busca de experiencias y sabiduría. Mitad caballo, mitad hombre, el centauro tiene la fuerza y la resistencia del animal junto con la habilidad humana de filosofar. Es de carácter directo, es el signo de mayor franqueza, lo que puede constituir tanto una virtud como una condena. Sagitario dice lo que piensa, a veces imponiendo sus creencias a los demás. Mantiene su ideología bajo control, y ningún signo es más inspirador. Sagitario ayuda a que los demás amplíen sus horizontes aportándoles nuevas perspectivas y experiencias.

El mito griego de Sagitario tiene que ver con el arquero Quirón, que era un centauro dulce y compasivo. Mientras que muchos centauros carecían de inteligencia y actuaban con violencia, a Quirón se lo conocía por su sabiduría y su capacidad de enseñar. Un día, Heracles disparó sin querer a Quirón mientras trataba de eliminar a unos centauros que causaban problemas. Al encontrarlo sufriendo e indefenso ante sus flechas venenosas, Heracles sintió una gran tristeza y arrepentimiento. Quirón era inmortal pero, al estar padeciendo tanto dolor, deseaba morir. Prometeo intervino al observar la lucha de Quirón y lo ayudó a elevarse a los cielos, donde viviría como constelación de Sagitario. Desde allí nos recuerda su sabiduría, sus enseñanzas y su delicado poder.

♑

CAPRICORNIO

EL EMPRESARIO

22 de diciembre-19 de enero

PLANETA REGENTE	Saturno, planeta de la responsabilidad y la estructura
SÍMBOLO	La cabra
RASGOS PRINCIPALES	Diligente / Represivo
DUALIDAD	Femenino
ELEMENTO	Tierra
CUALIDAD	Cardinal
PALABRAS CLAVE	YO UTILIZO
PARTES DEL CUERPO	Rodillas y huesos
COLOR	Marrón, el color de la madera, la naturaleza y la tradición
PIEDRAS PRECIOSAS	Ojo de tigre, olivino, azabache
ATRIBUTOS	Motivado, perseverante, distinguido, contenido, disciplinado, tradicional
INTERESES	Tocar música, coleccionar antigüedades, interpretación, jardinería, escalada
MOTIVACIÓN	Alcanzar logros

Continuamos el viaje zodiacal dejando a Sagitario, que nos orienta hacia la aventura y la filosofía, y entrando en Capricornio, orientado firmemente hacia la sociedad, la familia, la tradición y el logro. ¿Cómo podemos crear sistemas eficaces? Ésta es una pregunta clave para Capricornio. Regido por Saturno, planeta de la restricción, el tiempo y las tradiciones, Capricornio posee una disciplina extraordinaria. Es capaz de conseguir lo que se proponga mediante la ambición y la perseverancia. Aunque tiende a ocultar sus verdaderos sentimientos por una cuestión de decoro, Capricornio se relaja y rejuvenece con la edad. Es el signo del padre y del sabio anciano; tradicional, a veces es estricto y posee una gran integridad. Ya esté pensando en la sociedad, en proyectos de negocios o en la familia, siempre está centrado en cómo crear redes funcionales y de apoyo. Honesto, teatral y a menudo con inclinaciones musicales, la estabilidad de Capricornio y su sentido de la oportunidad pueden ser sus mejores recursos.

SÍMBOLO

Representado por una cabra marina, Capricornio tiene dos lados, la cabra montés y el pez. Puede escalar montañas de éxito y prestigio mientras se sumerge en la profundidad del océano de la sabiduría. Aprovecha su pragmatismo, moviéndose de forma estable y ordenada, con un gran sentido de propósito e intención. Prioriza lograr lo que tiene entre manos, a veces sin importar el coste, aunque esa dedicación a alcanzar las cimas más altas en todos sus proyectos no le hace perder de vista los ideales que ha aprendido de Sagitario. Utiliza su determinación para crear fuertes unidades familiares, así como los sistemas y las estructuras que forman la base de la sociedad. Conforme Capricornio va madurando aparece la tendencia a usar su cola de pez, sumergiéndose profundamente en el pozo de las emociones antes de fijar los cimientos o comenzar su ascenso constante hacia el logro.

EL MITO

El mito griego asociado con Capricornio es la historia de la cabra marina Pricus. Era el padre de toda una raza de cabras marinas que tenían cabeza y cuerpo de cabra y cola de pez. Vivían en el mar, cerca de la orilla, y eran conocidas por su inteligencia y honorabilidad. Creado por Cronos, el dios del tiempo, Pricus compartía la facultad de aquél para manipular el tiempo. El mito dice que los hijos de Pricus comenzaron a explorar y nadar hasta la orilla. En tierra firme, poco a poco, perdieron sus colas, su inteligencia y su habilidad para hablar y vivir en el mar. Pricus estaba desconsolado. Sus hijos desaparecían del agua, convirtiéndose rápidamente en cabras normales. Para arreglarlo, hizo retroceder el tiempo y, en un intento de salvarlas, avisó a las cabras marinas de su destino. No importaba cuántas veces se lo dijera: sus hijos continuaban saliendo del mar para explorar. Finalmente, se rindió y dejó que cumplieran con su karma. Inmortal y sumido en el sufrimiento, Pricus le suplicó a Cronos que lo ayudara a morir. Después, Cronos lo colocó en el cielo, desde donde podía observar a sus hijos incluso mientras jugaban en las cimas más altas. Desde allí, Capricornio nos recuerda el amor paternal, la inevitabilidad del karma y la importancia de dejar libertad.

ACUARIO

EL INVENTOR

PLANETAS REGENTES	Saturno y Urano, planetas de la responsabilidad y de la libertad
SÍMBOLO	El aguador
RASGOS PRINCIPALES	Original / Chocante
DUALIDAD	Masculino
ELEMENTO	Aire
CUALIDAD	Fijo
PALABRAS CLAVE	YO SÉ
PARTE DEL CUERPO	Tobillos
COLOR	Violeta, el color de la perspicacia y del futuro
PIEDRAS PRECIOSAS	Amatista, granate
ATRIBUTOS	Original, excéntrico, futurista, chocante, humanitario
INTERESES	Inventar, humanitarismo, ciencia ficción, organización comunitaria, tecnología
MOTIVACIÓN	Ser libre

Acuario avanza desde el tradicionalismo de Capricornio hacia la inventiva, la orientación al futuro y la rebelión contra el orden establecido. Sin la energía de Acuario, la sociedad no progresaría. A Acuario le encanta confrontarnos con lo inesperado y se nutre impresionando a los demás. Le llegan las ideas como relámpagos, como si vinieran del futuro. Regido por Saturno y Urano, los planetas de la responsabilidad social y de la revolución, Acuario aplica su genialidad creativa al avance de la humanidad. Algo frío y reservado, a menudo está más cómodo queriendo a la humanidad colectivamente que en relaciones íntimas y personales. Su tendencia a la sorpresa puede provocar alteraciones innecesarias, traumas y caos, en el que Acuario se crece. Sin embargo, la combinación de Saturno, amante de los sistemas, y del humanitario Urano, da como resultado un Acuario evolucionado, con habilidad para inspirar comunidades. Une a las personas bajo un propósito común, alentando a la sociedad a la vez que fomenta la tolerancia y la liberación personal. Tiene la inteligencia y la precaución de entender que la libertad verdadera sólo es real con organización y disciplina. Como signo regente de la electricidad, la tecnología y el progreso, Acuario a menudo facilita tanto la innovación científica como la revelación espiritual.

EL SÍMBOLO

Simbolizado por el aguador, Acuario es uno de los signos representados por seres humanos, junto con Virgo, la virgen, y Géminis, los gemelos. El aguador ofrece el sustento de la vida y la espiritualidad, y lo hace sin sacrificar su individualidad ni su independencia. El agua se lleva el pasado y despeja el camino hacia un futuro más conectado con la pureza y la iluminación. El aguador es un visionario. Lleva una vasija que simboliza la espiritualidad abierta y al alcance de todos en la misma medida. El agua representa el inconsciente colectivo, así como el mar de la interconexión. Como penúltimo signo, Acuario nos prepara para Piscis, la última parada del zodíaco, que representa la trascendencia. De este modo, Acuario, el aguador, es la cumbre de la existencia humana antes de disolverse en la espiritualidad, la contemplación y la unidad.

EL MITO

El mito griego asociado con Acuario es la historia de Ganímedes, un joven príncipe de quien se dice que era el hombre más bello de Troya. Un día, mientras cuidaba del rebaño de su padre, Zeus se fijó en él y lo encontró sumamente atractivo. Decidió que lo quería como sirviente y joven amante, una costumbre habitual en la antigua Grecia. Una vez instalado en el Monte Olimpo, Ganímedes se convirtió en el copero de Zeus, llevándole bebida a demanda. En esencia, era el esclavo de Zeus, que había pagado a su padre con tierras y una manada de caballos. Un día Ganímedes se rebeló y vertió sobre la Tierra todo el vino de Zeus, la ambrosía y el agua de los dioses, causando una gran inundación. Tras una larga reflexión, Zeus se dio cuenta de lo mal que había tratado a Ganímedes y decidió hacerlo inmortal en lugar de castigarlo. Zeus lo situó entre las estrellas como constelación de Acuario. Desde el cielo, el aguador nos recuerda la rebelión y la independencia, y que a veces el caos es necesario para luchar por la libertad y la igualdad.

PISCIS

EL SOÑADOR

19 de febrero-20 de marzo

PLANETA REGENTE	Neptuno, planeta de la espiritualidad
SÍMBOLO	El pez
RASGOS PRINCIPALES	Imaginativo / Disperso
DUALIDAD	Femenino
ELEMENTO	Agua
CUALIDAD	Mutable
PALABRAS CLAVE	YO CREO
PARTE DEL CUERPO	Pies
COLOR	Turquesa, el color del océano y la profundidad
PIEDRAS PRECIOSAS	Aguamarina, fluorita, lapislázuli
ATRIBUTOS	Soñador, místico, impresionable, tierno, pasivo, poético
INTERESES	Fotografía, cine, meditación, espiritualidad, pintura, fiesta
MOTIVACIÓN	Personificar el amor incondicional

Como última parada del viaje zodiacal, Piscis encarna todo lo que lo precede, siendo el último movimiento hacia la unidad. Regido por Neptuno, planeta de los sueños, la espiritualidad y la ilusión, a Piscis le encanta escaparse a su mundo interior, jugando en otras esferas imaginarias, como de otro mundo. Como tal, puede parecer disperso y desconectado. Piscis es el signo más espiritual y místico, capaz de derribar los muros entre el ámbito material y el invisible, y entre uno mismo y los demás. Al haber viajado por los otros signos, empatiza con todos, comprende a las personas y sabe encontrar el punto en el que está cada una de ellas. Influenciable y sensible, puede fusionarse con la energía de los otros, y debe tener cuidado a la hora de elegir de quién se rodea. La habilidad de Piscis para ver lo que hay en el corazón de las personas es incomparable. Tiene una enorme capacidad de generar arte espiritual y amor incondicional, que comparte con el mundo, ayudando a los demás a alcanzar su estado natural de trascendencia.

EL SÍMBOLO

El símbolo de Piscis son dos peces que nadan en direcciones opuestas. La palabra *piscis* significa «pez» en latín. Al sentirse influenciado por la dualidad de ser humano, Piscis lucha para mantener su doble naturaleza, espiritual y humana, atado a lo material mientras flota por el espacio. Se dice también que uno de los peces nada río arriba, hacia la trascendencia, mientras que el otro trae esa sabiduría de vuelta, hacia el mundo. Los dos peces representan la receptividad, ya que Piscis es capaz de entender puntos de vista contrarios y todas las facetas de la naturaleza y la existencia humana. El pez puede nadar sin esfuerzo en cualquier corriente, mimetizándose con su entorno, adaptándose a cuanto surja. Piscis es por tanto el signo más compasivo, y encarna el amor universal, la totalidad, el perdón y la comprensión.

MITO

Según la mitología griega, Piscis está relacionado con Afrodita, diosa de la belleza, y su hijo Eros, dios del amor. Un día, el monstruo Tifón empezó a mostrarse en el Monte Olimpo, enviado por Gaia para atacar a los dioses. Ninguno de ellos tenía el poder para destruir a Tifón, así que para escapar de él se transformaban en animales. En cierto momento, cuando Tifón impuso su presencia, Pan avisó a los demás y se transformó en cabra marina, sumergiéndose en el río Éufrates. Afrodita y Eros se estaban bañando en la orilla del río y no oyeron el aviso de Pan. Cuando Tifón apareció de pronto en el agua, éstos se convirtieron en peces y escaparon nadando. La constelación de Piscis en el cielo conmemora el día en el que la belleza y el amor fueron salvados. Venus es el nombre romano de Afrodita, y los astrólogos consideran que Piscis es la exaltación de Venus, o la exaltación del amor, y que representa las dimensiones espirituales de los reinos venusianos del amor y el arte.

2

EL SOL

Identidad, mente y alegría

El Sol dirige la personalidad, la identidad, el ego y la conciencia. Es nuestro signo primario, el indicador más potente de quiénes somos. El resto de los planetas, o los aspectos de nuestra psique, giran en torno al Sol. Es el arquetipo central de nuestra identidad.

El Sol siempre está presente, al margen del tiempo que haga. Resplandeciente y a la vista o tapado por las nubes, la esencia de nuestro ser siempre brilla. El viaje de cada uno relacionado con el Sol es el descubrimiento de cómo manifestar la máxima expresión de uno mismo. Nuestro Sol nos indica cuál es la mejor forma de nutrir nuestro espíritu, a la vez que nos indica nuestra tendencia a adoptar comportamientos menos sanos. Si estamos descentrados, nos da las pistas para recuperar el equilibrio perdido.

Por ejemplo, la trayectoria vital del Sol en Virgo nos habla de la búsqueda de la pureza y el camino hacia la perfección espiritual. Nutrir su espíritu implicaría servir a los demás o dedicarse a un camino espiritual. Si se ha perdido el equilibrio tal vez se deba a que la búsqueda de la pureza ha derivado en un perfeccionismo extremo y en juicios, tanto hacia uno mismo como hacia los demás. Equilibrar el alma de un Virgo requeriría un gran trabajo de amor propio, que después podría expandir a los demás.

Si emprendemos conscientemente el viaje de nuestro Sol, explorando el potencial tanto neurótico como iluminado de nuestras energías, fortaleceremos nuestra salud mental y nuestra autoconciencia, dirigiendo nuestro mundo con la sabiduría despierta. El Sol nos da vida, y si no vivimos conectados con él sentiremos que nuestra energía decae. El Sol es nuestra fuerza vital, nuestra autoestima, nuestra identidad y nuestro centro; si no lo alimentamos activamente, nos notaremos debilitados, acobardados e incluso desequilibrados psicológicamente.

En el mejor de los casos, el Sol es nuestra luz radiante y nuestra mejor autoexpresión. En el peor, se convierte en arrogancia o vanidad. Realizar con conciencia el viaje de nuestro Sol nos ayudará a brillar al máximo y a llevar la vida más plena posible.

El presente capítulo nos habla del viaje de cada uno de los signos solares, de sus talentos y de sus retos.

EL SOL EN ARIES

EL GUERRERO

No sólo es posible vivir sin miedo, sino que es la máxima alegría.
Cuando tocas la ausencia de miedo, eres libre.
THICH NHAT HANH

ARQUETIPOS DE ARIES

ILUMINADO El pionero, el héroe
NEURÓTICO El luchador, el niño

EL VIAJE DE ARIES: CONVERTIRSE EN UN LÍDER ABNEGADO

Aries es el primer signo del zodíaco. Representado por el carnero, Aries se lanza de cabeza a cualquier proyecto que inicie, eliminando sin miedo todos los obstáculos que se interpongan en su camino. En el tarot, Aries es el Loco. Su valentía es producto de la inocencia o de la falta de experiencia. Ningún recuerdo de derrotas pasadas empaña su determinación. El viaje del Sol en Aries es un viaje que debe fusionar la autoconfianza con la paciencia y el altruismo. El crecimiento espiritual de Aries llega al reconocer que está creando karma con cada uno de sus actos. Debe desarrollar el autocontrol y la consideración hacia los demás para dominar al guerrero que lleva dentro. Es entonces cuando surgirá su verdadera confianza, con quietud y fuerza, en lugar de la acción irracional. Puede extender su franqueza, su valentía y su motivación más allá de objetivos egoístas, aprovechando estas cualidades en beneficio de todos.

LOS TALENTOS DE ARIES

PALABRAS CLAVE *iniciativa, firmeza, voluntad, franqueza, liderazgo*

Aries es un verdadero líder. Ningún otro signo puede decidir con tanta facilidad y seguridad. Ardiente y apasionado, Aries posee el don de la iniciativa. Lo entenderemos mejor si pensamos en Libra, su opuesto. A menudo, Libra se bloquea en la indecisión, analizando con detalle las dos caras de cada situación hasta llegar a estancarse. Esto no es problema para Aries, que sabe pensar sobre la marcha, lanzándose a la acción y dirigiendo a los demás según su inspiración. Por ello, algunos de los emprendedores y ejecutivos de más éxito tienen el Sol en Aries.

Los Aries son directos y honestos. Lo que ves es lo que son realmente, y lo que dicen es lo que realmente quieren decir. Si un Aries cambia de idea no tendrá problema en expresarlo ni en corregir el rumbo inmediatamente. Con una voluntad y un enfoque increíbles, tienen la habilidad de llevar a cabo las cosas, liderando con sus ideas atrevidas y una motivación ilimitada.

La curiosidad y la valentía, junto con su deseo de liderar, son cualidades que ayudan a Aries a inspirar a todo el que lo rodea. Emprendedor y convincente, anima a los demás a que lo sigan por cualquier camino que decida emprender. Con ingenuidad infantil, el carnero sabe encontrar su camino, explorando y descubriendo el entorno con frescura y entusiasmo. Es un rebelde que puede lograr grandes cosas, siempre y cuando se tome el tiempo de empezar desde la intención pura, y de desarrollar la consideración y la moderación. Si lo hace, la naturaleza sencilla y directa de Aries se convierte en su mayor ventaja.

LOS RETOS DE ARIES

PALABRAS CLAVE *egoísmo, descaro, impaciencia, impulsividad, intolerancia*

Cuando está en desequilibrio, Aries se puede volver dominante, conflictivo, ensimismado e insensible. Ser extremadamente independiente hace que le cueste alcanzar el consenso en sus relaciones. Al carecer de autocontrol, Aries es a veces temperamental y puede estallar de forma infantil o ser descuidado y desagradable.

Aries tiene su propio encanto, siendo directo y seguro de sí mismo, pero estas cualidades pueden hacer que otras personas se sientan arrolladas por la fuerza de sus opiniones y su falta de tacto. Las lecciones clave para Aries son esforzarse por ir más despacio y culminar los proyectos e ideas. Deben aprender a detenerse y escuchar puntos de vista contrarios a los suyos, desarrollando el aplomo, la tolerancia y el equilibrio en sus vidas.

Si los Aries logran controlar su inmensa vitalidad y dirigirla hacia el bien mayor, su labor pionera puede inspirar cambios muy necesarios en el mundo. Si desarrollan receptividad y autocontrol, pueden convertirse en guerreros intrépidos, salvándonos a los demás del peligro y también del estancamiento.

EL SOL EN TAURO

SENSUALIDAD

Cuando se elimina la distracción
de la lengua, el corazón escucha.

THEODORE DREISER

ARQUETIPOS DE TAURO

ILUMINADO El artesano, el sensual
NEURÓTICO El narcisista, el materialista

EL VIAJE DE TAURO: DESARROLLAR UNA AUTOESTIMA SANA

Regentado por Venus, el planeta del amor y la belleza, Tauro es lento y sensual. Está conectado con las artes vinculadas a la tierra y el tacto. Los placeres de los sentidos lo son todo para Tauro, que es capaz de apreciar intensamente los sonidos graves de un violonchelo, la suavidad del cachemir, los sabores de la comida rústica o el olor del jardín después de la lluvia. Los Tauro están para darnos estabilidad y pragmatismo a los demás. Nos recuerdan el silencio y nuestra conexión con la tierra y con nuestros cuerpos. El viaje de Tauro consiste en desarrollar una autoestima sana y en la renuncia a sus fuertes lazos con la seguridad material, la riqueza y la vanidad. Es entonces cuando el Tauro evolucionado puede ayudar a otros a sanarse, despertándolos con su tacto, su valor y su fuerza ejemplar.

LOS TALENTOS DE TAURO

PALABRAS CLAVE *quietud, belleza, anclaje, generosidad, compasión*

Los Tauro tienen muchos talentos, en particular en los ámbitos de la creatividad y las manualidades, como por ejemplo cocinar, la cerámica o la carpintería. Son amantes sensuales y se toman su tiempo para explorar el cuerpo del otro, disfrutando deliberadamente de las sensaciones. Reacios al drama, es difícil pelear con un Tauro. Se mantienen firmes en el centro de su corazón y rara vez permiten que sus pensamientos se aceleren hasta la exasperación. Esto descolocaría al Tauro, algo que no suele permitir.

Los Tauro atraen con facilidad a las personas, ofreciendo tierra firme para almas sin arraigo. Hipnotizan con su forma de moverse y de bailar, con los platos que cocinan, los perfumes que llevan y sus cuidados adornos. Como el espacio físico es tan importante para ellos, la belleza abunda en sus casas. Tienen facilidad para la construcción, para comprar y montar muebles, para elegir telas y lograr espacios decorados de forma agradable y natural.

Tauro emana una energía fluida pero potente, permaneciendo cerca de la tierra con una fiabilidad reconfortante. Su amabilidad y su firmeza son curativas para muchos, al recordarnos el poder del silencio y la profundidad que llega cuando dejamos de hablar y nos abrimos de lleno a nuestros sentidos.

LOS RETOS DE TAURO

PALABRAS CLAVE *inseguridad, rigidez, excesiva indulgencia, materialismo, vanidad*

A veces, el compromiso de Tauro con la tierra se desestabiliza. Se vuelve demasiado rígido, protege su corazón, temeroso de que, si se ablanda, se derrumbará o perderá el control. La clave para Tauro es tomar conciencia de su gran valor. Al fin y al cabo, regenta la autoestima. Debe encontrar la manera de enfrentarse a sus sombras y quererse a sí mismo por completo. La rendición es importante para Tauro. No sólo debe ceder ante sus sombras, sino que también debe renunciar a los apegos perjudiciales y a la indulgencia. Entonces permitirá que brille su generosa y firme compasión.

Si Tauro es capaz de abandonar la rigidez y la posesividad podrá atraer lo que quiera. Entregándose a su capacidad innata de amar sin reservas, se puede abrir a una intimidad más profunda y a la aceptación de sí mismo. Tauro es un dios o una diosa terrenal, nos sitúa en el suelo para que podamos echar raíces y crecer, alcanzando el cielo de la sabiduría y la unidad.

Tauro nos enseña la belleza de la tierra, pero debe acordarse de relajar su obsesión por la apariencia física, así como el deseo exagerado de seguridad y riqueza material. La abundancia verdadera proviene de la generosidad y de extender su amor y su aceptación a todo ser vivo. Al alcanzar su esencia, Tauro se da cuenta de que cuanto necesita se encuentra en su interior, incluida una profunda alegría y una fuerte conexión con la magia. Será capaz de curar con el poder del tacto y de ofrecer un precioso refugio de seguridad y arraigo.

EL SOL EN GÉMINIS

INTELIGENCIA

Todas las grandes palabras, todas las palabras llamadas a la grandeza por un poeta son llaves del universo, del doble universo del cosmos y de las profundidades del alma humana.

GASTON BACHELARD

ARQUETIPOS DE GÉMINIS

ILUMINADO   El maestro, el experto
NEURÓTICO   El dictador, el falso

EL VIAJE DE GÉMINIS:
UNIR EL INTELECTO Y EL CORAZÓN

Géminis domina el intelecto y ningún signo es más ingenioso, sociable o apto para la enseñanza y la comunicación. Los gemelos son el signo más humano del zodíaco y representan la dualidad de la existencia terrenal, la persona física y el espíritu. Géminis juega con esta aparente contradicción, olvidando a menudo que no necesita ir alternando uno y otro, ya que encarna ambos. A medida que Géminis avanza en la vida, debe aprender a adentrarse en su corazón y fusionar la mente intelectual con el cuerpo emocional. Así, el viaje de Géminis consiste en profundizar en su conocimiento y usarlo como camino hacia la sabiduría. Posee una extraordinaria energía mental, por lo que deberá encontrar la forma de dominar sus pensamientos. A partir de ahí, podrá abrir su corazón a la espiritualidad y al amor universal.

LOS TALENTOS DE GÉMINIS

PALABRAS CLAVE *inteligencia, ingenio, claridad, curiosidad, vivacidad*

Elocuentes y de gran inteligencia, los Géminis son oradores brillantes y atractivos. Exploran todas las facetas de las ideas y de las situaciones aportando con chispa y entusiasmo puntos de vista bien fundados. Los gemelos son maestros de las conversaciones ingeniosas y de los debates. De mente clara y lengua afilada, ganan las discusiones con facilidad y convencen a los demás de su punto de vista.

Las veladas serían aburridas sin la charla animada de un Géminis. Son hábiles para conversar, tanto para escuchar como para hablar. Pueden recurrir a su inmensa fuente de conocimiento para ofrecer información en los momentos oportunos, impresionando a los demás con su ágil mente y su facilidad para entretener.

Son excelentes escritores, oradores, periodistas y artistas y se entregan completamente a la observación de la naturaleza humana. Les encanta compartir esta fascinación con los demás, a quienes inspiran a abrirse a perspectivas y experiencias diferentes, ampliando así nuestras redes y abriendo nuestra mente con agilidad y elegancia. Géminis vive intensamente, entabla muchas amistades a lo largo de su vida, disfruta de encuentros animados y explora, sin esfuerzo y con aceptación, todos los aspectos del mundo y de la humanidad. Su curiosidad es posiblemente lo más valioso que tiene, y encuentra mentores allá a donde va. Formula preguntas agudas para ampliar su conocimiento y considera su mayor premio la inmensa cantidad de información que recaba.

LOS RETOS DE GÉMINIS

PALABRAS CLAVE *inquietud, informalidad, manipulación, nerviosismo, duplicidad*

El intelecto sin corazón es peligroso. Como las energías de Géminis se arremolinan en su cabeza, a veces le cuesta conectar con su corazón. Si un Géminis se desestabiliza, puede envenenar las aguas, propagando ideas moralmente corruptas o dañinas, tanto en su interior como entre los demás. La clave para Géminis es la meditación, que permite aplacar el alboroto de su brillante y activa mente. A partir de aquí, puede conectar con su cuerpo y su corazón, y tomar decisiones más auténticas.

Géminis puede tener problemas con el compromiso estable, ya que se aburre con facilidad y le atrae tener experiencias diferentes. Necesita estímulos constantes además de amigos inspiradores. Si pudiera centrar plenamente su interés en una sola persona, tal vez se daría cuenta de que cada individuo es infinitamente fascinante y de que todos estamos formados por preciosos tapices mitológicos, llenos de sabiduría sin límites.

Aquí está la clave para superar los retos de Géminis. Su mente ágil e inquisitiva puede facilitarle el precioso camino hacia la sabiduría, siempre y cuando centre su conocimiento en la verdad máxima y en una perspectiva más amplia de la moralidad, de las inversiones emocionales y del propósito de vida. Le convendría estudiar con el corazón abierto y lágrimas en los ojos, recordando integrar sus dos facetas, intelecto y corazón. A medida que se despliega su camino hacia la sabiduría, Géminis puede convertirse en un maestro excelente, siempre que anime a las personas a vivir sus propias experiencias y no les imponga su opinión.

EL SOL EN CÁNCER

SENSIBILIDAD

La verdadera intrepidez es producto de la ternura. Proviene de dejar que el mundo roce ligeramente nuestro corazón, nuestro corazón bello y palpitante. Estamos dispuestos a abrirnos, sin resistencia ni timidez, para enfrentarnos al mundo. Estamos dispuestos a compartir nuestro corazón con los demás.

CHÖGYAM TRUNGPA RINPOCHE

ARQUETIPOS DE CÁNCER

ILUMINADO El que nutre, el sensible
NEURÓTICO El deprimido, el gruñón

EL VIAJE DE CÁNCER:
DOMINAR LA SENSIBILIDAD EMOCIONAL

Cáncer es el signo más sensible y emocional. Es la persona que siente, alguien con grandes habilidades psíquicas. Cuando entra en una habitación puede percibir lo que todos los demás están sintiendo. Se siente desbordado con facilidad y se retrae en su caparazón, sacando sus pinzas y dando rienda suelta a su fuerte temperamento. El viaje del Sol en Cáncer es aprender a proteger su sensibilidad y poder usarla como don, compartiendo su compasión penetrante de madre universal que cuida. Cáncer tiene que desarrollar una enorme autoconciencia. Así, cuando sus sentimientos lo consuman, podrá reconocerlos y volver tranquilamente a su centro. Al superar este reto, alcanza un gran logro para todos nosotros: sentir la profundidad de la existencia humana, renunciar a las barreras que nos separan y demostrar un regreso constante al amor, a la aceptación y a la confianza.

LOS TALENTOS DE CÁNCER

PALABRAS CLAVE *amabilidad, imaginación, percepción, apoyo, hospitalidad*

Cáncer es maravillosamente imaginativo y perceptivo, metiéndose a menudo en su rico y mágico mundo de fantasía. Es un anfitrión maravilloso al que le encanta invitar a los amigos a casa para cuidarlos como más le gusta, cocinando y atendiéndolos. Crea una sensación de hospitalidad y seguridad que envuelve como un baño caliente a sus huéspedes. Éstos se marchan con preciosas lecciones sobre cómo generar una atmósfera de hogar y confort, tanto física como espiritual.

Cáncer puede ahondar en tus emociones, sentirlas contigo, y abrazarte y quererte, sea cual sea tu estado de ánimo. Puedes ver cómo en él se refleja dulcemente lo más profundo de ti mientras se fusiona con tu ser. En este aspecto, los Cáncer son entregados. Aman a sus amigos y familiares profundamente, con naturalidad, extendiéndoles su apoyo y su cariño maternal sin reservas.

Cáncer posee una fuerza inherente, pero a menudo muestra una enorme dureza simbolizada por ese caparazón que protege su vulnerabilidad. Si se deja guiar por su intuición, su corazón y su acertada percepción, puede lograr mucho en este mundo. Y éste es Cáncer en su mejor expresión, con la guardia bajada, entregado a la gravedad y al azar, exponiendo sin miedo su amor eterno hacia la humanidad.

LOS RETOS DE CÁNCER

PALABRAS CLAVE *mal humor, vulnerabilidad, suspicacia, opresión, inseguridad*

Para ser un Cáncer equilibrado, el cangrejo debe estar dispuesto a salir de su caparazón, alejarse de la seguridad que le da su rígida capa exterior y revelar su esencia dulce y maternal. Debe aprender a sentir la crueldad del corazón humano y, a la vez, mantenerse abierto a amar todas las facetas de la humanidad, empezando por sí mismo. Si no, un Cáncer al que se le provoca puede llegar a ser temperamental, afilado y evasivo.

Cuando Cáncer no se siente seguro puede volverse duro, cerrar su corazón, esconderse tras sus pinzas y su caparazón y llevar a cabo actos de crueldad. Igualmente, si no lo rodean personas cariñosas que lo apoyen, puede adoptar el salvajismo de otros y perder el coraje necesario para ser vulnerable.

Es vital que Cáncer domine las emociones, tanto las suyas como las de los demás. Debe aprender a protegerse físicamente para poder vivir con su sensibilidad innata y seguir siendo amable y auténtico. Si lo hace, se convierte en la madre del mundo, siempre compasiva, amante y clemente con todas las atrocidades humanas. Puede entender a las personas como nadie y ver los corazones con visión de rayos X. Si elige mostrar su verdadero yo en lugar de ocultarse tras sus máscaras, puede convertirse en el mayor símbolo de amor universal y compasión. Ésta es la verdadera naturaleza de Cáncer.

EL SOL EN LEO

CORAZÓN

Irradia amor sin límites al mundo entero
sin trabas, sin malicia, sin hostilidad.

BUDA

ARQUETIPOS DE LEO

ILUMINADO El artista, el rey amable
NEURÓTICO El presumido, el autócrata

EL VIAJE DE LEO:
EXPANDIRSE AL AMOR INCONDICIONAL

Leo es el signo solar más regio y creativo. Representado por el león
y regentado por el mismísimo Sol, desde su corazón, Leo irradia
luz. Al ser extremadamente leales, los Leo pueden llegar a tener
una fijación excesiva con el objeto de su afecto. Para cumplir con
su verdadero propósito, que es convertirse en el Rey o la Reina
de corazones, los Leo deben elevar su mirada del amor personal
hacia la compasión sin límites. Deben gobernar con el corazón,
dejando de lado el ego y el individualismo, y difundir sin miedo
su inmenso amor para que abarque a todos los seres vivos. Como
siempre, esto debe comenzar con un amor propio verdadero, quererse a sí mismos no desde el ego sino con auténtica aceptación.

LOS TALENTOS DE LEO

PALABRAS CLAVE *creatividad, juego, humor, afecto, autoexpresión*

Leo es muy afectuoso y juguetón. Tener el planeta del ego en el signo de la personalidad significa que Leo se puede expresar plena-

mente, con exuberancia, creatividad y humor. En compañía de un Leo podríamos sentirnos como la Luna, iluminados, recibiendo y reflejando su luz brillante.

No hay cosa que le guste más a Leo que divertir a los demás y actuar para ellos. El león hace sonreír a un público receptivo y a su vez ofrece valentía e inspiración a los tímidos. Brilla más cuando se dedica a actividades creativas. Disfruta haciendo reír y logrando que las personas conecten con su corazón de forma plena, sencilla y directa.

Los Leo son líderes naturales que nos pueden inspirar para que recordemos la alegría en cualquier situación. La luz de su corazón abierto nos sostiene, nos enseña que somos capaces de lograr cualquier cosa con placer. ¿Qué sentido tendría todo sin diversión? La inocencia infantil de Leo nos conquistará y nos guiará en los buenos momentos, haciéndonos sonreír hasta que nos duela la cara. Afectuosos y bromistas, nos derriten con su entrega y su cálido afecto.

LOS RETOS DE LEO

PALABRAS CLAVE *alarde, dependencia, exageración, arrogancia, ensimismamiento*

Cuando está desequilibrado, la valentía innata de Leo se torna orgullo y arrogancia. Sin público se siente incompleto e indigno, y exagera ostentosamente su talento en un intento desesperado de sentirse digno de que lo quieran. Parte del trabajo de Leo es reconocer que irradia luz aunque no haya nadie que la contemple. Al buscar a los demás para reflejar su amor puede olvidar que el amor trasciende al que lo da y al que lo recibe. Ésta es una de sus lecciones más importantes.

Otros pueden sentirse enojados por Leo, interpretar su deseo de ser apreciado y admirado como egocentrismo, vanidad, ansia de poder o engreimiento. Para llegar a ser el rey o la reina afectuosos,

Leo tiene que acordarse de renunciar al deseo personal y de que, en última instancia, estamos trabajando por el bien común. Así se puede acercar a su estado de iluminación, reconociendo honestamente sus defectos y sus cualidades, expresando su creatividad con humor, amándose plenamente y extendiendo ese amor a los demás.

Los Leo tristes son aquellos que han olvidado la alegría de la generosidad, aquellos que creen que no son dignos de placer o que han empezado a obsesionarse con una persona o con perseguir el ego. Un Leo que ha despertado es un líder radiante y abnegado, que inspira a los demás a vivir desde el corazón y a expresarse sin miedo. Cuando Leo se manifiesta así, la vida se le hace fácil, porque está expresando su auténtica naturaleza de león.

EL SOL EN VIRGO

PUREZA

No pretendemos salvar el mundo sino preguntarnos cómo les va a los demás, y reflexionar sobre cómo les afectan nuestras acciones.
PEMA CHÖDRÖN

ARQUETIPOS DE VIRGO

ILUMINADO El ángel, el devoto
NEURÓTICO El preocupado, el juez

EL VIAJE DE VIRGO:
ALCANZAR LA PERFECCIÓN ESPIRITUAL

El Sol en Virgo se centra en la pureza y en la devoción. El último viaje de Virgo es el de la perfección espiritual, conseguida mediante su humildad innata. Renuncia a su ego con buen talante a través del trabajo duro y el servicio al prójimo. Virgo, más que cualquier otro signo solar, puede ver lo mejor de las personas y nunca da a nadie por perdido. La clave para la virgen es quererse a sí misma plenamente y encontrar estabilidad en su perfeccionismo. Si no, acabará usando sus propios defectos en contra de sí misma. A medida que se relaja y deja de juzgar, Virgo puede aceptar su viaje de despertar espiritual, examinando honestamente, con cariño y desde el perdón sus puntos débiles. Aunque conectan fácilmente con el espíritu y la magia, los Virgo también son criaturas muy terrenales. Cuando han despertado son como ángeles, conectan a los humanos con su espíritu, traen el cielo a la tierra.

LOS TALENTOS DE VIRGO

PALABRAS CLAVE *lealtad, sensibilidad, trabajo duro, pragmatismo, pureza*

No hay amigo más leal que el Virgo sensible y devoto, que trabaja incansablemente para ayudar a quien lo necesite. No teme las emociones complejas y ve el corazón de una persona o una situación difícil con lógica y claridad. Utiliza sus cualidades mentales y su pragmatismo para resolver problemas aparentemente imposibles. Es un amigo para toda la vida y puedes estar seguro de que nunca olvida que el ser humano es en esencia bueno.

Gran amante de los animales y los niños, a Virgo le encanta la pureza y conserva su inocencia innata, pase lo que pase. Es considerado, presta tanta atención al detalle que sorprende la cantidad de cosas en las que se fija. Se tomará el tiempo de analizar y procesar las conversaciones y las relaciones, y es uno de los signos que con mayor probabilidad escribirán cartas de amor auténticas y bien construidas. Regentado por Mercurio, planeta de la comunicación, el lenguaje es uno de sus dones y escoge con sumo cuidado las palabras para expresar lo que piensa.

Al ganarte la confianza de un Virgo descubrirás un amigo y un amante afectuoso, cálido y mágico, que te bendecirá con su amor profundo y duradero. El requisito principal es que lo respetes y no lo infravalores nunca.

LOS RETOS DE VIRGO

PALABRAS CLAVE *preocupación, obsesivo, juicio, crítica, rectitud*

Nadie se preocupa más que nuestro querido Virgo, que parece tener una rueda de hámster en la cabeza. Su minuciosa mente puede caer fácilmente en el exceso de análisis al reflexionar sobre detalles sin importancia. En su búsqueda de la perfección espiritual, Virgo puede volverse autocrítico, especialmente si no ha desarrollado un amor propio adecuado o la habilidad de perdonarse a sí mismo. Esta autocrítica puede volverse en contra de quienes lo rodean, puede mirarlos con soberbia e irritarlos con su escrupulosidad y su rectitud.

El trabajo real de Virgo es mirarse al espejo con honestidad y claridad, aceptarse a sí mismo en su totalidad, amarse completamente. Debe reconocer sus fuerzas y sus debilidades, tanto con humildad como con plena aceptación. Si puede comprometerse con este cometido, será capaz de profundizar en su conocimiento de los matices de la complejidad humana, a la vez que desbloqueará sus extraordinarios dones. Puede aprender a irradiar su luz pura sobre los demás, ayudándolos a sanar y a quererse, igual que ha hecho por sí mismo.

Cuando logra calmar su mente y aceptarse totalmente, puede incluso convertirse en una persona importante para la sanación del mundo, creando entornos de salud, orden, altruismo y magia. El resto podemos mirar a Virgo como ejemplo prístino de devoción, servicio a los demás y dedicación tenaz a la pureza y la perfección espiritual.

EL SOL EN LIBRA

ARMONÍA

Pasamos por aquí de puntillas. En el amor nos crean.
En el amor desaparecemos.

LEONARD COHEN

ARQUETIPOS DE LIBRA

ILUMINADO El artista, el amante
NEURÓTICO El diletante, el mentiroso

EL VIAJE DE LIBRA:
DOMINAR LA PARADOJA

Libra es la posición más romántica del Sol. Representado por la balanza, Libra nivela dos posturas opuestas, intentando llegar al equilibrio perfecto. Éste es precisamente el viaje del Sol en Libra: alcanzar la armonía interna absoluta al conseguir dominar la paradoja. ¿Quién si no puede sostener dos verdades contrapuestas, de forma simultánea y sin esfuerzo? Lo correcto y lo incorrecto, lo bueno y lo malo, luz y oscuridad. Libra comprende que ambos son válidos y verdaderos, y que la iluminación llega al enfocar la vida con ecuanimidad y con el corazón abierto.

LOS TALENTOS DE LIBRA

PALABRAS CLAVE *equilibrio, embellecimiento,*
agradecimiento, encanto, amor

Los Libra son amigos maravillosamente encantadores que no juzgan nuestras locuras transitorias, compensan la agresividad con neutralidad y espacio y ayudan a que cuantos los conocen se sientan queridos y apreciados. Los talentos artísticos y estéticos de Libra provienen de su profundo anhelo de armonía. En una búsqueda constante de equilibrio, los Libra crean belleza a su paso. Tocar la canción perfecta, llevar las flores más exquisitas a casa, descubrir la ruta más preciosa o el vino más interesante para disfrutar con amigos son estrategias de Libra para relajarse y ayudar a los demás a que lo hagan a su vez.

En ocasiones esto implica que los Libra sean artistas, diseñadores o músicos talentosos. Crean arte en un afán de alcanzar su propia paz, que para ellos es frágil y difícil de mantener. Afinan su relación con las artes, llegando a apreciarlas plenamente. Son capaces de crear pinturas, espacios o música que ayudan a calmar nuestros sentidos. Los Libra pueden ser los mejores amantes, entendiendo el arte de la seducción y expresando sus sentimientos románticos, que les surgen con facilidad. Sus corazones pueden bailar con los de sus relaciones, ya que al instante encuentran la belleza en el otro, sintonizando su frecuencia en el tono exacto.

LOS RETOS DE LIBRA

PALABRAS CLAVE *deshonestidad, indecisión, diletantismo, complacencia, evitación*

El problema es que Libra, en su cometido por mantener su frágil paz interior, puede acabar viviendo en la superficie, siendo reacio a profundizar en las cuestiones y diciendo medias verdades para evitar la confrontación. Aunque los Libra mandan en el amor y pueden ser parejas maravillosas, también tienen más dificultades que cualquier otro signo en este ámbito. De hecho, las relaciones son su mejor vía para llegar al crecimiento personal. Los puede embargar la ansiedad si sienten que la balanza se inclina, algo habitual en relaciones intensas. Complacientes con los demás, son capaces de desaparecer para evitar el conflicto, buscando amor en otra parte sin informar a sus parejas. Lo hacen para asegurarse el amor en sus vidas y a la vez evitar herir sentimientos.

A los Libra también les cuesta mostrarse de acuerdo con una opinión firme, ya que sienten la obligación de presentar con calma una opinión contrapuesta, aunque no sea la suya. Titubean con sus compromisos y la toma de decisiones, viendo con facilidad los pros y los contras de cada situación. ¿Cómo va a tomar una postura o elegir una sola opción alguien que se siente tan a gusto en la paradoja? ¿Cómo se va a quedar en una misma esquina durante el resto de su vida alguien que encuentra belleza en todas ellas?

Actuar de forma diletante, tener problemas para cumplir con sus promesas y la falta de honestidad son indicios de que Libra está descolocado y operando desde la neurosis. La clave para restablecer el equilibrio y el objetivo de su viaje es lanzarse de lleno a la oscuridad y a aquello que teme. Puede encontrar armonía en las profundidades, belleza en su tristeza y riqueza en su enfado, mientras abre su corazón a los aspectos más desagradables de sí mismo y de la humanidad. Éstas serían las señales de un Libra iluminado.

EL SOL EN ESCORPIO

TRANSFORMACIÓN

Y llegó el día en que el riesgo que representaba permanecer encerrada en el capullo era más doloroso que el riesgo de florecer.

ANAÏS NIN

ARQUETIPOS DE ESCORPIO

ILUMINADO El chamán, el alquimista
NEURÓTICO El represor, el destructor

EL VIAJE DE ESCORPIO:
RENUNCIAR AL CONTROL

El Sol en Escorpio representa un extraordinario poder y profundidad. El viaje de un Escorpio no es apto para cardíacos. Requiere un compromiso total con la aceptación del caos y la confusión, explorar nuestra psique más profunda y el espectro completo de la experiencia humana. Si Escorpio domina el arte de la transmutación, si es capaz de aceptar de buena gana sus explosiones de emoción, que emanan como lava, descubrirá su sabiduría latente. Podrá hacer gala de su dolor, al ser éste un paso importante para su despertar espiritual. De esta manera, Escorpio encarna tanto la sanación como la destrucción, la muerte y el renacimiento. Debe rendirse a la fuerza de sus emociones, echándolas al fuego y resurgiendo de las cenizas más sabio y purificado. Escorpio iluminado ayuda a quienes sufren aflicciones severas. Sin temer a la intensidad, nos guía por el doloroso infierno que nace en nuestra propia mente. Escorpio nos muestra un camino de rendición sin miedo. Nos enseña, tal como ha aprendido él, a mantenernos abiertos y renunciar al control.

LOS TALENTOS DE ESCORPIO

PALABRAS CLAVE *pasión, valentía, profundidad,*
misticismo, transformación

Cuando sufrimos un mal trago, como una enfermedad, la muerte de un ser querido o problemas en una relación, no hay mejor amigo que Escorpio. Es capaz de quedarse con nosotros en nuestros momentos más terribles, guardar nuestros secretos y llorar con nosotros sinceramente. Escorpio vive en aguas profundas y, si te encuentras ahí, se quedará a tu lado ayudándote a nadar. Son excelentes terapeutas, siempre dispuestos a explorar las sombras del corazón humano, sin miedo y con intensidad. Les encanta investigar, no sólo en el terreno de la emoción, sino también en el de la ciencia, el mundo tangible y los procesos por los cuales las cosas se forman y se destruyen.

Apasionados y sexuales, místicos y misteriosos, los Escorpio nos pueden conducir a lugares por los que siempre hemos sentido curiosidad y no hemos tenido el valor de visitar. Ponen a prueba nuestros límites, ayudándonos a ampliar nuestras perspectivas sumando sentimientos y experiencias previamente insondables. Si nos abrimos a la profundidad, Escorpio nos demuestra que podemos transformar la tristeza en riqueza porque nos hace comprender que siempre ha sido riqueza. Disfruta y acepta las emociones más oscuras y las dimensiones ocultas de la realidad. Todos tenemos oscuridad, pero Escorpio no puede evitar expresar esta faceta suya, a veces con violencia. Refleja nuestras sombras para que podamos afrontarlas e integrarlas, haciéndonos más conscientes.

El Escorpio iluminado demuestra que, si no nos resistimos a la angustia, nuestros corazones crecerán, porque nos sentiremos más conectados con el prójimo. Si nos atrevemos con un Escorpio iluminado, cualquier cosa es posible. Nos puede llevar a nuestra propia iluminación, sanándonos al enseñarnos cómo transmutar nuestro sufrimiento. Nos demuestra que no existen el dolor y el placer, el bien y el mal, mientras aceptemos todo lo que nos vaya llegando.

LOS RETOS DE ESCORPIO

PALABRAS CLAVE *represión, explosividad, venganza, obsesión, posesividad*

Al convivir con una fuente oscura de emociones, existe el peligro de que un Escorpio desequilibrado caiga en el miedo y la represión. Incapaz de regular la confusión y el caos interno, Escorpio puede recurrir a la compulsión obsesiva, en un intento de controlarlo todo, desde el entorno exterior hasta su interior. Puede volverse celoso y posesivo, incluso queriendo destruir sus relaciones si no las hace suyas completamente. Al final, el Escorpio desequilibrado saltará, explotará revelando el torbellino de emociones que escondía tras un grueso muro.

Temperamentales, malhumorados y potencialmente agresivos y destructivos, los Escorpio neuróticos son aquellos que rechazan su verdadera naturaleza. Por temor a sus demonios, pueden perderse en su ensimismamiento, la represión o la adicción. Castigan a los demás al proyectar sobre ellos sus sombras no exploradas. Cualquier dolor o aspecto que odien de sí mismos y que no haya sido reconocido, lo proyectarán en sus allegados. En cambio, Escorpio puede tener también sombras positivas que lo ayuden a encontrar su camino, como por ejemplo cuando lo supera la envidia de aquellos que están realizando su potencial frustrado.

La clave para el viaje de Escorpio es entender el tremendo poder que posee. Tiene la habilidad, más que cualquier otro signo, de afrontar corrientes psíquicas intensas sin ahogarse en ellas. Si Escorpio es capaz de enfrentarse a lo que le surja, descubrirá su propio secreto: posee los dones de una intensa sabiduría, de la sanación y de la profundidad. Si Escorpio se relaja con sus aflicciones, invitándolas a que se manifiesten tal como son, se disiparán al instante. Si se suelta, si se deja caer en la oscuridad total, se dará cuenta de que allí puede encontrar la luz plena. Necesitamos entre nosotros a hombres y mujeres como los Escorpio, chamanes innatos que se enfrentan al lado oscuro del mundo y nos ayudan a sanar con la magia de la rendición.

EL SOL EN SAGITARIO

SABIDURÍA

Creo que lo que estamos buscando es la experiencia de estar vivos, de modo que nuestras experiencias vitales en el plano físico tengan resonancias en nuestro ser interno y en nuestra realidad, sintiendo así realmente el éxtasis de estar vivos.

JOSEPH CAMPBELL

ARQUETIPOS DE SAGITARIO

ILUMINADO   El filósofo, el yogui
NEURÓTICO   El extremista, el viajero inquieto

EL VIAJE DE SAGITARIO: CONVERTIR EL CONOCIMIENTO EN SABIDURÍA

El viaje del Sol en Sagitario implica explorar territorios desconocidos. Sagitario es el centauro que apunta al horizonte con el arco y la flecha. Busca aventura y ampliar su comprensión al máximo. Puede hacerlo a través del deporte o explorando la sabiduría del cuerpo físico mediante el yoga o el qigong. O quizá decida realizar estudios superiores y se sumerja en el mundo de la filosofía. Sea cual sea el medio, el logro máximo del viaje de un Sagitario es descubrir la sabiduría y, sobre todo, el sentido de la vida, lo que nunca se podrá expresar con palabras. Su búsqueda puede expandir su conciencia hasta límites inimaginables, siempre y cuando no crea nada con demasiada vehemencia. El camino de Sagitario es seguir buscando, profundizando y aumentando su comprensión, sin caer nunca en la trampa del dogma.

LOS TALENTOS DE SAGITARIO

PALABRAS CLAVE *idealismo, aventura, optimismo, sabiduría, agilidad corporal*

Sagitario es aventurero, filosófico y a menudo muy atlético. Anhela viajar a lugares lejanos, tanto física como mentalmente. Gracioso, animado y escurridizo, Sagitario lidera en los buenos momentos, infundiendo en los demás un sentimiento de optimismo y libertad de espíritu. Busca indagar con valentía todo lo que se sale de la zona de confort de su realidad ordinaria, explorando otras culturas, tierras, religiones y sistemas de creencias. Se abre a situaciones y personas nuevas. Le estimula expandir su mente y aumentar su capacidad de comprensión.

La sabiduría no se puede extraer sólo de los libros. Nadie lo sabe mejor que Sagitario, consciente de que los datos fríos no se pueden comparar con las experiencias de la vida real. Se sumerge de lleno en los estudios y luego los aplica a la vida, dándole contexto con la experiencia a aquello que ha aprendido. Así como Géminis, su opuesto, se centra en adquirir conocimientos y jugar con los límites intelectuales, a Sagitario le interesa expandir la mente. Llegará hasta los confines más lejanos de la exploración conceptual, preguntándose por las razones profundas de cualquier objeto de estudio, incluido el porqué último de nuestra existencia.

El Sagitario iluminado no deja de indagar. Entiende que, si consolida sus opiniones, o se estanca en su vida o en su forma de pensar, es que no ha entendido nada. Debe apuntar hacia delante con su flecha y seguir. El Sagitario verdadero no se paraliza por las limitaciones de su mente. Adquiere experiencias y aventuras continuamente para poner a prueba su perspectiva. Entonces, lo que le queda finalmente es sabiduría y verdad, el máximo logro para este signo.

LOS RETOS DE SAGITARIO

PALABRAS CLAVE *impaciencia, fanatismo, inquietud, abstracción, conflicto*

Un Sagitario desequilibrado puede caer en varias trampas debido a su enorme fervor. Excesivamente entusiasta y confiado, puede ponerse en situaciones dañinas, incapaz de recurrir a un criterio y un escepticismo saludables. Los problemas de Sagitario pueden incluir lanzarse demasiado rápido a las relaciones o al matrimonio, seguir religiones o doctrinas cuestionables, o encontrarse en peligro en tierras lejanas.

A Sagitario le conviene templar su exuberancia, su apetito y su deseo. Si no, puede costarle permanecer en un solo lugar o con una sola persona. La búsqueda constante, que le ayuda a obtener información, se puede convertir rápidamente en inquietud e impaciencia. Su fervor puede transformarse en fanatismo si olvida que el camino lo conducirá a la verdad, pero no es la verdad en sí. La meditación y la disciplina son muy útiles para Sagitario. También lo beneficia tener más conciencia del cuerpo, del corazón y de los otros. Darse cuenta de que se pasa, ya sea en pensamiento o con sus acciones, le va a permitir suavizar su extremismo y evitar herirse a sí mismo o a los demás.

Incluso cuando comete errores, Sagitario sabe abrir su mente y su corazón a través de las diferentes experiencias. Su valor para lanzarse de cabeza a la aventura hace de él un personaje fascinante, alguien que tiene mucho que compartir y enseñar a lo largo de su vida, a pesar de las frecuentes meteduras de pata. Con la misma rapidez con la que cae en el pensamiento o el comportamiento erróneo, los sabe soltar. Está preparado para saltar a su siguiente aventura o línea de razonamiento sin echar la vista atrás.

SOMOS ESTRELLAS

EL SOL EN CAPRICORNIO

DILIGENCIA

Sólo cuando eres extremadamente dócil y flexible
puedes ser extremadamente duro y fuerte.

PROVERBIO ZEN

ARQUETIPOS DE CAPRICORNIO

ILUMINADO El empresario, el dignatario
NEURÓTICO El arribista, el autoritario

EL VIAJE DE CAPRICORNIO: FUSIONAR VULNERABILIDAD Y AMBICIÓN

El viaje del Sol en Capricornio trata de encontrar el equilibrio entre ambición y liderazgo por un lado, y sentimientos y vida interior por otro. Este equilibrio contribuirá positivamente en la familia y en la sociedad. En su frecuencia de vibración más alta, Capricornio es pura integridad. Gracias a su paciencia y constancia aprende a suavizarse, a ser receptivo y a abandonar su tendencia a buscar el poder, el control y el halago. Una vez lo consigue, todo lo que decide emprender será por el bien de todos. Ésta es su verdadera vocación. Los Capricornio iluminados conectan con su sabiduría y con su corazón y, paso a paso, se aseguran de fijar una base sólida antes de emprender cualquier viaje. Si logran tener una buena autoestima y una relación sana con ellos mismos, los Capricornio pueden llegar a ser personas importantes, infundiendo en su mundo dignidad, amabilidad y sentido del humor.

LOS TALENTOS DE CAPRICORNIO

PALABRAS CLAVE *ambición, integridad, confianza, disciplina, responsabilidad*

Capricornio está decidido a lograr sus metas y pone en ello una extraordinaria paciencia y tenacidad. Es el signo más tradicional, simbolizado por el padre. Otorga el valor máximo a la familia, a crear unidades familiares fuertes, a pasar tiempo con sus seres queridos y a construir lazos familiares. El cuidado de Capricornio, su confianza y su honestidad son características que despiertan el respeto de los demás. Capricornio tiene muchas posibilidades de éxito, ya que es un líder natural, con una corrección y serenidad innatas. Entiende la importancia de tomarse el tiempo de hacer las cosas minuciosamente, y domina el arte de la delegación y del *networking*.

Capricornio tiene una autodisciplina sin igual. Cuando surgen contratiempos y dificultades no se rinde. Decididos y voluntariosos, se llevan por delante los obstáculos sin mostrar apenas sus emociones. Confiados y diplomáticos, los niños Capricornio parecen viejos sabios. Y los jóvenes Capricornio suelen ser personas bastante serenas que apenas necesitan disciplina. Rejuvenecen con la edad, suavizando su rigidez con el tiempo y expresando su humor innato con mayor soltura.

Los Capricornio iluminados se sienten a gusto en soledad. Lentos y con objetivos claros, se mueven con dignidad. Son ejemplo de lo mejor de la sociedad, educados, organizados y fiables, a la vez que trabajan duro en proyectos que benefician a la gente. Si logran calmarse relajando su mundo interior y aprenden a no ser tan duros consigo mismos, pueden convertirse en líderes excelentes, mostrando una disciplina inigualable, sencillez, pragmatismo y un buen sentido de la oportunidad.

LOS RETOS DE CAPRICORNIO

PALABRAS CLAVE *materialismo, escalada social, obstinación, oportunismo, control*

Capricornio puede obsesionarse tanto con un objetivo que llegue a perder la perspectiva. Su liderazgo natural puede ser demasiado controlador y dominante, y su énfasis en la sociedad puede transformarse en una preocupación malsana por la imagen y los propósitos materiales. Si se obsesiona con su imagen pública y la riqueza puede acabar reprimiendo sus emociones y los aspectos más problemáticos de su personalidad.

La clave para Capricornio es asegurarse de que los sólidos cimientos que establece concuerden con sus ideales. Construye todo con una minuciosidad y tenacidad increíbles, así que debe asegurarse de que empieza con la intención adecuada, planteándose si el proyecto aporta algo positivo a la sociedad. Si se siente desconectado de su integridad, un Capricornio descompensado puede volver al equilibrio protegiendo su soledad y dedicando más tiempo a sus aficiones habituales, como la naturaleza, la música, la historia o las antigüedades. Esto le permite reflexionar y tomar decisiones con una perspectiva genuina. El mundo interior es muy importante para Capricornio, que necesita la certeza de que su mundo exterior y sus proyectos tan elaborados nacen de la sensibilidad. De lo contrario, el éxito carecerá de valor, siendo tan sólo una medalla de poder, fama y prestigio social.

La adicción al trabajo y la soledad son riesgos potenciales para Capricornio. Debe aprender a conciliar la vida familiar con la vida social, dejando espacio a la fluidez y a la expresión de sus emociones, sin perder su compromiso con la educación y los buenos modales. El antídoto para las neurosis de Capricornio es aprender a relajarse, consiguiendo transmitir su verdadera forma de ser a través de su imagen pública y asegurándose de que su vocación concuerda con sus deseos más íntimos.

EL SOL EN ACUARIO

AUTENTICIDAD

El privilegio de la vida es convertirte
en quien realmente eres.

C.G. JUNG

ARQUETIPOS DE ACUARIO

. . . .

ILUMINADO El genio, el humanitario
NEURÓTICO El inconformista, el robot

EL VIAJE DE ACUARIO:
EXPERIMENTAR LA LIBERTAD VERDADERA

. . . .

El viaje del Sol en Acuario tiene que ver con el descubrimiento de la libertad: primero la mental, después la de autoexpresión y, finalmente, la de la comunidad y la humanidad. Acuario necesita romper las ataduras y los límites destruyendo cualquier elemento opresor con fuerza. Rebeldes, los Acuario son personas importantes para la humanidad, ya que la hacen progresar. Son creativos y usan su inventiva para encontrar soluciones ingeniosas para todo tipo de problemas. La clave para Acuario es aprender que la verdadera libertad comienza en nuestro interior, que el amor hacia la humanidad no es una idea o un concepto sino un sentimiento pleno y una experiencia. Una vez que Acuario aprende a conectar con su corazón y lo abre a los demás, encuentra la libertad definitiva. A partir de ahí puede ofrecer sus dones a su comunidad y a la cultura en general.

PALABRAS CLAVE *libertad, originalidad, inventiva, progresismo, humanitarismo*

Los Acuario son las personas más fascinantes con las que pasar el tiempo. Sus mentes danzan en lo etéreo, llevándonos a lugares inesperados. Cuando un Acuario examina algo, una filosofía, una teoría o a una persona, la ve de forma distinta que el resto. Sintoniza con otras dimensiones y expone perspectivas novedosas que de otro modo habrían permanecido ocultas. Resuelve los problemas con rapidez, encontrando soluciones con tan sólo un destello de su brillante mente.

Al ser genios creativos, los Acuario son capaces de canalizar visiones increíbles. Sus ideas son enormes y aparentemente imposibles. Pero si se los toma en serio y se les ofrece apoyo práctico para llevar a cabo sus proyectos inimaginables, uno descubre caminos a nuevos territorios. Nos abren a frecuencias más altas de pensamiento y progreso, frecuencias que jamás hubiéramos imaginado.

Los Acuario son conectores. Unen a las personas en comunidad, destacando lo que nos hace únicos y dejando el camino libre de obstáculos para que podamos alcanzar nuestro máximo potencial. Nos impresionan y nos hacen reír diciendo cosas inesperadas, ya que no están encorsetados por las formas ni la corrección. Si eres capaz de dejar libre a un Acuario y apreciarlo sin prejuicios, tendrás un amigo que será una inspiración constante. Te mostrará el camino hacia la autenticidad y la originalidad al manifestar siempre la suya.

PALABRAS CLAVE *distancia, impredecibilidad, testarudez, inconformismo, perversión*

Cuando no está en equilibrio, los relámpagos de Acuario pueden pasar de ser la luz que mejora la humanidad a ser la destrucción absoluta sin propósito alguno. Cuando cierran su corazón, su necesidad sana de rebelarse puede volverse conflictiva al enfrentarse a cualquier energía que sientan como opresora. A menudo, Acuario provoca a los demás probando sus límites, escandalizando. Y, aunque este tipo de comportamiento puede ser beneficioso, haciéndonos cuestionar dónde está el límite de nuestro ego y de nuestra zona de confort, los Acuario a veces se pasan, creándose enemigos e hiriendo a las personas innecesariamente.

La orientación de Acuario hacia la humanidad en general puede dañar sus relaciones personales: prefieren amar el concepto de la persona que el ser humano de carne y hueso que tienen delante. Pueden volverse altivos y fríos, y les cuesta mantenerse dentro de los límites de su propio cuerpo. La libertad de viajar hacia lo conceptual y lo espiritual parece mucho más emocionante, gratificante e ilimitada.

La clave para Acuario es encontrar la manera de amar a todas las personas igual que ama a la humanidad y recordar que le apasiona aplicar su intuición y brillantez al progreso de la humanidad, porque cada uno de nosotros es un ser valioso. Somos un grupo de individuos y estamos juntos en esto, reflejando amor a nivel colectivo e individual. El Acuario iluminado se sumerge en la intimidad, que lo ayuda a centrarse. Al fin y al cabo, todos somos seres humanos y nuestro verdadero camino espiritual parte de aceptarlo plenamente.

EL SOL EN PISCIS

TRASCENDENCIA

Entenderlo todo es perdonarlo todo.

BUDA

ARQUETIPOS DE PISCIS

ILUMINADO El espiritista, el soñador
NEURÓTICO El mártir, el escapista

EL VIAJE DE PISCIS:
FUSIONAR CIELO Y TIERRA

El viaje de Piscis lo engloba todo. De algún modo, representa el camino definitivo al despertar del hombre. Piscis debe aprender a mantenerse firme, a cuidarse para tener los pies en el suelo mientras disuelve los límites entre lo material y lo espiritual. Sabe que esta vida es un sueño y devuelve esta comprensión a la tierra, al ser humano. Los Piscis pueden inspirar a los demás encarnando esta sabiduría, que no es más que el amor incondicional. Muestran con amabilidad su lado espiritual y su inmensa capacidad de perdonar. El amor incondicional está al alcance de todos nosotros. De hecho, es lo único que hay.

perdón, espiritualidad, adaptabilidad, amabilidad, compasión

Piscis es capaz de percibir los sentimientos ajenos y transmitir una empatía divina, infinita compasión y una santa capacidad de perdón, no importa lo que se haya hecho. Puede entrar en cualquier espacio y adaptarse, moviéndose como el agua para envolver los recovecos y ayudar a que el lugar parezca lleno, completo. Es bienvenido en todas las fiestas, ya que fluye con la corriente disolviendo tensiones sociales.

Cuando baila, se convierte en la música; cuando ama, su corazón se funde con el de sus amigos y parejas. Tiene la extraña habilidad de hacer que los otros se sientan vistos, importantes, comprendidos y apreciados. Piscis también puede disolver los muros, disipar miedos e inhibiciones, al abrir a los demás al verdadero amor y a la vulnerabilidad.

Su máximo talento es su espiritualidad. Canaliza su espíritu a través de la expresión artística y los viajes a otros mundos. Si aprende a centrarse y a cuidarse, puede ser un experto meditador y espiritualista, enseñando a otros, sin palabras ni conceptos, a conectar con su mente superior. Piscis puede ser incluso vidente, al difuminar los límites entre espacio y tiempo. Puede acceder con facilidad a la conciencia única que nos conecta a todos.

LOS RETOS DE PISCIS

PALABRAS CLAVE *escapismo, victimismo, complejo de inferioridad, falta de mérito, autocomplacencia*

Si olvida poner límites y cuidar de sí mismo, Piscis tendrá problemas fácilmente. Al ser empático y compasivo, tiende más que otros signos a atraer relaciones conflictivas. Es menos hábil para alejarse de la toxicidad que los signos más valientes, lógicos o pragmáticos. Al ser tan fluido y sentir que la división entre sí mismo y los demás es difusa, a menudo olvida conectar con la fuerza de su propia dignidad, que no tiene nada que ver con lo que perciben los otros.

Una de las claves para crear mayor armonía en el alma de un Piscis es desarrollar un sentido fuerte del mérito, una comprensión de que está bien ser tal como se es, con independencia de validaciones externas. Si Piscis se da cuenta de que se domina a sí mismo y a sus circunstancias y confía en que sabrá poner límites cuando otros lo maltraten, abandonará su tendencia al sufrimiento. Debe entender que, si permite malos comportamientos, en última instancia se está traicionando a sí mismo. Esto significa que tiene más poder del que le gusta reconocer, pero al hacerse cargo del mismo se acerca más a su verdadero yo y ha de descubrirse como un ser que encarna y expande la unión del cielo y la tierra.

La otra trampa de Piscis es el escapismo a través de varios medios como las adicciones, la dispersión, la evasión y el engaño, por ejemplo. Su dificultad para comprometerse con el hecho de ser humano puede llevarlo a las nubes, haciendo que le cueste cuidar de sí mismo, ser pragmático, puntual y sincero. Si Piscis es capaz de desarrollar autoconciencia, límites y disciplina, puede llegar a ser un gran místico, un recordatorio poderoso y espiritual del amor incondicional y de la interconexión.

3

LA LUNA

Emociones, sensibilidad e inconsciente

La Luna representa nuestra psique y nuestra naturaleza emocional. Algunos astrólogos dicen que el Sol indica cómo nos vemos a nosotros mismos, mientras que la Luna nos dice quiénes somos realmente. De todos los planetas, la Luna es el que más debemos cuidar. Es el trasfondo emocional de todo lo que hacemos, gobernando nuestros instintos y nuestra vulnerabilidad. Al ser un planeta de relaciones, la Luna también nos dice cómo recibimos y apoyamos a nuestros seres queridos. Puede hacer que nos invada el mal humor o nos sobrepase la intensidad emocional. Sin embargo, sin ella seríamos sólo egos deambulando, sin complejidad ni profundidad, sin imaginación ni fondo. La luna brilla más por la noche, al reflejar por arte de magia la luz de los soles ajenos, y remueve nuestros sentimientos provocando reacciones inconscientes. Es irracional pero poética y cargada de significado. Si no alimentamos a nuestra Luna, sencillamente no podremos ser felices.

El elemento, o triplicidad, de nuestra Luna nos cuenta parte de la historia de cómo nos sentimos. Si ésta cae en un signo de agua (Cáncer, Escorpio o Piscis), nuestras emociones son más complejas y tenemos más posibilidades de ser malhumorados, volubles y soñadores. En signos de aire (Géminis, Libra o Acuario), la Luna indica una mayor tendencia a la imparcialidad intelectual y la objetividad y a comunicar los sentimientos socialmente. La Luna en signos de Tierra (Tauro, Virgo o Capricornio) denota estabilidad, confianza, pragmatismo y, a veces, represión. En signos de fuego (Aries, Leo o Sagitario), la Luna es más directa, sencilla y honesta. La emocionalidad de la Luna puede conllevar una actitud compulsiva a la hora de tomar decisiones y de actuar.

Nuestra realización personal depende de que nuestra corriente de energía lunar esté correctamente satisfecha, así que es importante saber si nuestro ego y nuestra personalidad la están anulando. Por ejemplo, si tenemos la Luna en Acuario, debemos permitirnos experimentar, escandalizar y expresar nuestra autenticidad, aunque tengamos un signo solar más tradicional. La Luna en Cáncer requiere mucho tiempo a solas y cuidar de uno mismo y de los demás, aunque nuestro signo solar sea más aventurero. El Luna en Tauro debe rodearse de belleza, asegurándose un espacio para disfrutar del placer, aunque su signo solar lo dirija hacia actividades humanitarias.

El presente capítulo describe la naturaleza de cada signo lunar, con ejemplos de lo que hace feliz a cada uno.

LA LUNA EN ARIES

CARÁCTER EMOCIONAL
honesto, asertivo, independiente, infantil

FUENTES DE SATISFACCIÓN
libertad, conquista, liderazgo, expresión apasionada

Aries es la posición de la Luna más directa emocionalmente. Estas Lunas están marcadas por la independencia, la asertividad y un carácter infantil. No hay forma de ocultar los sentimientos de alguien que tiene la Luna en Aries. Son sinceros y directos, reaccionan sin filtrar ni detenerse a reflexionar. Saben lo que les gusta, quieren y sienten, y van directos a por ello. Las pasiones surgen rápidamente y no tardan en actuar sobre ellas. Guerreros innatos, los Luna en Aries son capaces de superar grandes dificultades. Sin embargo, a veces se mofan de la debilidad emocional y las demostraciones de sentimientos de los otros. Para lograr el equilibrio, el Luna en Aries debe esforzarse por encontrar el consenso y dejar espacio a la vulnerabilidad y a las perspectivas diferentes.

Para sentirse emocionalmente satisfechos, los Luna en Aries necesitan una gran euforia y libertad. Les encanta pelear por los objetos de su afecto y ganarlos. Empezarán proyectos y se tirarán de cabeza a la aventura. Confiados y sin pelos en la lengua, los Luna en Aries generan líderes naturales que encuentran su propio camino y son su propia autoridad. Necesitan vías de escape periódicas para poder expresar su pasión, de lo contrario se arriesgan a volverse ansiosos, dominantes e irritables. En su mejor expresión, el Luna en Aries es emocionante, honesto y valiente, arriesgándose con gran satisfacción.

LA LUNA EN TAURO

CARÁCTER EMOCIONAL
confiable, estable, motivado por la seguridad, contenido

FUENTES DE SATISFACCIÓN
placeres terrenales, sensualidad, previsibilidad, belleza

Los Luna en Tauro son estables y confiables, marcados por un deseo innato de comodidad y seguridad. La fertilidad, el cuidado y el sustento les llegan fácilmente y poseen una habilidad natural para entender sus necesidades básicas. Son compañeros fieles y sensuales. Tienen la capacidad de bajar de velocidad y sentir las emociones físicamente y facilidad para conservar la calma, manteniendo la dignidad y la compostura, con independencia de su estado emocional. Uno de los peligros de esta posición es la rigidez emocional y la resistencia al cambio. Los Luna en Tauro pueden aferrarse demasiado a sus opiniones y permanecer demasiado tiempo en relaciones tóxicas. También se pueden volver tozudos y encerrarse en sí mismos si sufren un trastorno emocional. Otras veces, encontrarán salidas creativas o sensuales como visitar fuentes termales, cuidar de su jardín, prepararse una buena comida u organizar una fiesta para un grupo selecto de amigos.

Para sentirse satisfechos, los Luna en Tauro deben conectar con sus talentos artísticos y con los placeres terrenales. Son estables y pacientes y les favorecen las circunstancias predecibles y los resultados tangibles. Para estas criaturas de la comodidad, un hogar bonito es de especial importancia. La naturaleza, la comida, las flores, el arte y las relaciones entregadas alimentan sus almas. Aunque tienden a ser obstinados, los Luna en Tauro son amigos y parejas fiables, ayudando a los demás a disfrutar de los cinco sentidos y la belleza del mundo fenomenológico.

LA LUNA EN GÉMINIS

CARÁCTER EMOCIONAL
comunicativo, cambiante, analítico, intelectual

FUENTES DE SATISFACCIÓN
bromear, socializar, buenas conversaciones, encantar a los demás

Por naturaleza, Géminis es el signo más comunicativo de todos. Analizar los sentimientos es una de las aficiones favoritas de quien tiene la Luna en Géminis, lo que los hace excelentes escritores, oradores, profesores y terapeutas. Son conversadores carismáticos y, como tales, presentan la habilidad de combinar la mente y el corazón, y obligan a los demás a contar sus emociones con la misma fascinación. Aman realmente al prójimo, y el sentimiento suele ser recíproco. Pero sus repentinos cambios de estado de ánimo a veces agotan a sus allegados. Otro peligro es que vivan racionalizando las emociones. Cada cierto tiempo deben acordarse de parar la mente y adentrarse en su corazón y su cuerpo con mayor intensidad.

Para sentirse contentos, los Luna en Géminis necesitan vías de escape frecuentes para poder usar su ingenio, bromear y socializar. Lo ideal para ellos es una pareja decidida, que les ayude a compensar su inestabilidad y su tendencia a los cambios emocionales repentinos. Los que tienen la Luna en Géminis quieren jugar en el mundo del lenguaje, por lo que buscan parejas que los puedan seguir intelectualmente y que conversen a su nivel, sintiéndose entonces sanos y realizados. Es entonces cuando muestran lo mejor de sí mismos, siendo imaginativos, vivos, encantadores y adaptables.

LA LUNA EN CÁNCER

CARÁCTER EMOCIONAL
cuidador, profundo, sensible, temperamental

FUENTES DE SATISFACCIÓN
tiempo a solas, cocinar, estar en casa, conectar con amigos íntimos

La Luna rige Cáncer, así que ésta es su posición natural. Tanto Cáncer como la Luna representan la maternidad, y aquellos con la Luna en Cáncer a menudo son maternales en un sentido amplio, sintiendo la necesidad de cuidar de quienes los rodean. El hogar y la seguridad son importantes para estas Lunas sensibles. Son más felices cuando están cocinando, disfrutando de la comida y pasando tiempo en casa, solos o en compañía de amigos cercanos o familia. Necesitan amigos que compartan su carácter hogareño y que den el espacio suficiente a sus profundas corrientes de emoción.

Uno de los peligros para los que tienen la Luna en Cáncer es su hipersensibilidad. Poseen bastantes habilidades psíquicas. Literalmente, sienten las emociones de los demás. Como reciben tanta información, tienden a cambiar mucho de humor y a endurecerse, sacando las pinzas para proteger su extrema sensibilidad. Les favorecen las relaciones con signos de tierra, sensatos y seguros, que los ayuden a compensar ese humor cambiante y acepten de buena gana sus cuidados maternales. Estos signos estables les proporcionan tierra firme, protección y fuerza. Cuando se sienten seguros, los que tienen la Luna en Cáncer brillan al máximo, demostrando ser criaturas extraordinarias, afectuosas, profundas y llenas de sentimiento.

LA LUNA EN LEO

CARÁCTER EMOCIONAL
alegre, afectuoso, teatral, dominante

FUENTES DE SATISFACCIÓN
recibir atención, expresión creativa, afecto, juego

Juguetones y cariñosos, los Luna en Leo disfrutan de dar y recibir amor y afecto. Nada les gusta más que entretener a sus seres queridos. Necesitan ser el centro de las relaciones, los reyes y reinas de sus dominios personales. Les encanta mostrar sus emociones y son más felices cuando tienen un público receptivo para su expresividad creativa y cercana. Deben tener cuidado con volverse demasiado dramáticos.

Por naturaleza, los Luna en Leo son alegres, seguros de sí mismos y desenfadados, algo contagioso que guía a los demás en los buenos momentos. Son almas inspiradoras, de abundante energía que ansían compartir con todos. Son padres, amigos y amantes leales, pero pueden llegar a ser arrogantes y cargar emocionalmente. Cuando se cruzan, los Luna en Leo son capaces de contraatacar con fuerza. Para sentirse equilibrados y contentos, los Luna en Leo deben volver a su dignidad y creatividad naturales. Así mostrarán su mejor cara, la de líderes benévolos, generosos, cercanos y todo corazón.

LA LUNA EN VIRGO

CARÁCTER EMOCIONAL
práctico, humilde, servicial, crítico

FUENTES DE SATISFACCIÓN
organización, servir a los demás, seguridad, analizar sentimientos

La Luna en Virgo indica un carácter servicial, sensato y analítico, que sin embargo puede caer en la frialdad y el desapego. Virgo es un signo lógico para un planeta ilógico, y el Luna en Virgo a veces carece de flexibilidad emocional, se ofende con facilidad, es tímido y crítico con los demás. Quieren ser perfectos y en ocasiones les cuesta expresar emociones complejas. No obstante, son almas humildes, comprometidas con la mejora personal y el desarrollo de su conciencia emocional. Amigos leales y fiables, ofrecen una desconexión práctica en momentos de trastorno emocional. Su simplicidad y su inocencia son un agradable respiro entre las complicaciones del día a día. Pueden discutir los problemas en detalle, sin miedo al trabajo emocional y a comunicarse.

Los Luna en Virgo se sienten satisfechos cuando logran fijar límites sanos y vías frecuentes para ayudar a los demás. Se crecen cuando el suyo es un trabajo con sentido y cuando tienen personas a las que dedicarse, que les corresponderán con aprecio y respeto por su esfuerzo y su inteligencia. Estas Lunas sólo deben asegurarse de que practican su autoestima, sin renunciar a sus necesidades por las de otro, ni volverse criticones por miedo a sentirse inferiores. Cuanto menos críticos sean consigo mismos, más fluirán sus vidas. Es entonces cuando sale a relucir su carácter cercano y afectuoso, y sorprenden por su alegría, calidez y sensibilidad. Iluminan como faros de belleza y pureza, ayudando a quien lo necesite.

LA LUNA EN LIBRA

CARÁCTER EMOCIONAL
adaptable, equilibrado, artístico, complaciente con los demás

FUENTES DE SATISFACCIÓN
belleza, equilibrio, quietud, paz

Los Luna en Libra son pacíficos, educados y temen el conflicto. Diplomáticos, sociables y abiertos, pueden equilibrar la falta de armonía emocional de sus seres queridos, dándoles el espacio que necesitan para que alcancen su máxima expresión. A veces, el Luna en Libra no consigue defender lo que quiere, ni siquiera llega a saber lo que es. Desea agradar a todo el mundo y su encanto y su elegancia pueden acabar en un intento de complacer a los demás. Sin embargo, pueden ser amigos increíblemente cariñosos si se los acepta como son: románticos, adaptables e incluso indefinibles.

Para sentirse contentos, los Luna en Libra deben conseguir tranquilidad en el hogar. Anhelan la belleza, la quietud y las relaciones equilibradas. Los gestos románticos son habituales en ellos y poseen un gran potencial para demostrar sus emociones a través del arte, la poesía y el diseño. De hecho, es probable que sean artísticos y musicales, o, por lo menos, patronos de las artes. Sensibles a la armonía y a la elegancia, su dulce corazón anhela la magia de la finura en todas sus expresiones: jardines frondosos, trabajos de arte delicados, música armoniosa y decoración elegante, entre otros. En estos ámbitos se vuelven más directos, dejando de lado su indecisión para asumir el liderazgo y guiar a los demás en la creatividad, la colaboración y el amor.

LA LUNA EN ESCORPIO

CARÁCTER EMOCIONAL

apasionado, profundo, sabio, destructivo

FUENTES DE SATISFACCIÓN

magia, profundidad, extremismo, introspección

Nadie es más apasionado y misterioso que quienes tienen la Luna en Escorpio. Son emocionalmente intensos y los motiva el viaje de transformación psicológica. Estas almas profundas y melancólicas tienen un enorme potencial para despertar la sabiduría. Sin miedo emocional, los Luna en Escorpio entienden todas las facetas de la experiencia humana, incluidas las corrientes oscuras, prohibidas, los tabúes que muchos de nosotros tememos sentir e incluso mencionar. Sensibles y perceptivos, pueden ser excelentes sanadores y chamanes, capaces de guiar a los otros hasta sus lugares más recónditos, apoyándolos mientras abren las puertas del dolor y los traumas infantiles. Son íntimos e intuitivos, calan a las personas directamente, algo que pueden utilizar para manipular las emociones. Su mayor viaje es aprender a equilibrar los extremos emocionales, a recordar que no necesitan actuar con cada impulso ni desmoronarse con la intensidad de un sentimiento.

A los Luna en Escorpio los satisface conseguir resolver sus celos, su obsesión, su necesidad de control, estabilizar sus extremos emocionales y permitir a los demás ser exactamente quienes son. Harán bien en buscar parejas que no teman adentrarse junto a ellos en la intimidad más profunda. En el ámbito laboral se sentirán satisfechos en carreras profesionales que ayuden a personas encarceladas, en situaciones de pobreza o enfermas terminales. También son excelentes comadronas. En su mejor expresión, son almas mágicas y profundas que nos ayudan a los demás a asomarnos a lo desconocido.

LA LUNA EN SAGITARIO

CARÁCTER EMOCIONAL

directo, inquieto, entusiasta, optimista

FUENTES DE SATISFACCIÓN

viajar, enseñar, aventura, naturaleza

La Luna en Sagitario indica un carácter inquieto, amante de la libertad y emocionalmente expresivo. Son exploradores, almas de naturaleza alegre y amistosa, con facilidad para conocer gente. Sin embargo, pueden tener problemas con la intimidad y la profundidad. Les cuesta echar raíces y permanecer anclados. Hablan sin filtros y se los conoce por su franqueza y su sinceridad, a riesgo de parecer bruscos por su compromiso con la verdad. Excelentes oradores y profesores, los Luna en Sagitario educan e inspiran sin esfuerzo.

El ejercicio físico es clave para que los Luna en Sagitario se sientan contentos, ya que les proporciona una salida para esa energía nerviosa e inquieta. De hecho, pueden ser atletas apasionados y maestros de las prácticas de sabiduría corporal tales como el yoga, el tai-chi o el qigong. Por naturaleza, aman la filosofía y viajar, se sienten realizados al visitar sitios lejanos o, por lo menos, al aprender sobre ellos. Disfrutan de la naturaleza y de conocer otras culturas y religiones. También les encanta compartir la sabiduría que obtienen en sus exploraciones. Son excelentes compañeros de viaje y contagian su optimismo y su entusiasmo. Los benefician las parejas de signo fijo, que ayudan a anclar su espíritu inquieto. Si se les concede libertad para seguir deambulando, sus corazones permanecerán satisfechos y ayudarán a expandir los horizontes de sus amigos y compañeros, ofreciendo una actitud positiva y relajada, con amor y libertad.

LA LUNA EN CAPRICORNIO

conservador, virtuoso, serio y reservado

música, familia, teatro, redes de contactos

La Luna en Capricornio genera un carácter conservador, fiable y reservado. Los Luna en Capricornio controlan sus emociones y evitan muestras públicas de pasión o conductas inapropiadas. Es difícil que exploten o pierdan la compostura. Sin embargo, deben poner mucho empeño en ablandar sus corazones, aflojar la represión y permitirse a sí mismos sentir todo el espectro de emociones, sin juzgarse. Responsables y centrados en la familia, se esfuerzan mucho en crear seguridad. Anhelan formar parte de la sociedad, así que son ambiciosos, dignos y socialmente reconocidos. Poseen sentido del ritmo, por lo que la música y la interpretación teatral pueden ayudarlos a expresar sus emociones. Tienen un gran corazón y deben dar salida a su faceta seria y responsable para que no enturbie ni su amabilidad ni su receptividad.

La clave para que los Luna en Capricornio se sientan satisfechos es permitir que se centren en el negocio y en la familia, que puedan lograr éxitos, poder y motivación al tiempo que se esfuerzan por conseguir una expresividad emocional fluida. Les conviene asociarse con signos de agua, que les ayudarán a ablandar la rigidez con sus cuidados fluidos, dándoles permiso para relajarse y sentir su corazón. El objetivo de viaje de los que tienen la Luna en Capricornio es aprender que no hay que temer a las emociones. Si dominan este aspecto, se volverán más centrados, serenos e independientes, a la vez que compasivos y auténticos.

LA LUNA EN ACUARIO

CARÁCTER EMOCIONAL
original, rebelde, auténtico, desinteresado

FUENTES DE SATISFACCIÓN
inventar, comunidad, trabajo creativo, humanitarismo

La Luna en Acuario genera un alma rebelde, creativa, ingeniosa y poco convencional. A veces puede causar un caos emocional, buscando conflicto porque intuye que éste lo puede conducir a un despertar. Al sentirse incómodo con el estancamiento y la falsedad, el Luna en Acuario obligará a los demás a ser auténticos, empujándolos al límite, en ocasiones provocando el enfrentamiento. Pueden llegar a asustar con sus explosiones de emociones y su activismo. Sin embargo, no son rencorosos, y olvidan rápidamente los intercambios intensos. Es la mejor actitud para vivir el desamor, pues lo sienten todo de golpe y plenamente para después seguir adelante.

La clave de la felicidad para los Luna en Acuario es tener una vía de escape sana para su excentricidad, que se sientan libres para inventar y rebelarse, para crear una comunidad y para centrarse en proyectos alternativos, de tecnología y de futuro. Deben esforzarse en ofrecer el amor que sienten por la humanidad a las personas individuales, ya que a veces son demasiado fríos y reservados en un nivel más íntimo. Si trabajan conscientemente su desapego, éste puede convertirse en una ventaja. Son excelentes terapeutas y consejeros, y pueden canalizar su creatividad y su objetividad para ayudar a otros a resolver emociones difíciles. Al no temer el caos, ni pestañean en situaciones complicadas. Prosperan con amigos y parejas que les permiten ser fieles a su idiosincrasia y que aprecian sus esporádicas descargas eléctricas.

LA LUNA EN PISCIS

compasivo, imaginativo, amante, sin límites

FUENTES DE SATISFACCIÓN
soñar, las artes, espiritualidad, el mar

Es la posición más soñadora. La Luna en Piscis crea un alma imaginativa, a la que le encanta escaparse a un mundo de fantasía. Siempre compasivos, los Luna en Piscis pueden querer a casi cualquiera. Son extremadamente sensibles y pueden intuir de forma telepática los sentimientos de los demás. El Luna en Piscis comprende toda la experiencia humana. Su carácter emocional engloba todos los signos del zodíaco.

La meditación y la espiritualidad llenan a los Luna en Piscis, los hace sentir satisfechos. La fotografía, el cine, la danza improvisada y la música son actividades naturales y adecuadas para ellos. El riesgo para los Luna en Piscis es caer en el escapismo y en el victimismo. Marcar límites emocionales sanos y no perder de vista la realidad son habilidades importantes que deben desarrollar. Les convienen amistades con signos de tierra que los puedan ayudar a conectar con los aspectos más prácticos de la realidad. En esa situación muestran sus mejores cualidades, optimistas y cariñosos, siempre compasivos, capaces de entender a la persona más vil y pisoteada entre nosotros. Con su presencia y amabilidad de otro mundo, enseñan al resto a abrirse al amor trascendental, sin atarse a las arbitrarias limitaciones de lo material.

4

EL ASCENDENTE

Nuestra imagen externa,
la primera impresión y el aspecto físico

Nuestro ascendente, o signo ascendente, es el principio de toda nuestra existencia, que marca el resto de nuestra vida y nuestra carta natal. Describe cómo nos proyectamos a los demás, la primera impresión que damos. Si el Sol es cómo nos vemos a nosotros mismos y la Luna cómo somos realmente, el ascendente es cómo somos vistos. Literalmente, es el principio de nuestra carta astrológica, señalando el punto más oriental de nuestro horizonte en el instante de nuestro primer aliento. Junto con los signos del Sol y la Luna, el ascendente resulta esencial para dibujar la imagen de quiénes somos. Nos explica las máscaras que llevamos y nuestras facetas más superficiales. Sin embargo, estos elementos son importantes en nuestra personalidad. Son indicadores clave de cómo nos mostramos en el día a día y describen cómo nos relacionamos con compañeros, conocidos y amigos.

El punto más importante de nuestra carta, el ascendente, no sólo nos indica nuestros rasgos externos. Nos habla también de nuestras sombras, de aspectos de nuestra infancia, de parejas probables y de cómo encontramos el equilibrio. Por ejemplo, la gente ve a los ascendente Acuario como iconoclastas, emocionantes y erráticos. En su infancia, pueden sentirse diferentes, extraterrestres, distinguiéndose precisamente por ser distintos. Para encontrar equilibrio, estos ascendente deben integrar la alegría y la calidez con su fría rebelión. A menudo atraen parejas como Leo, que los pueden ayudar a lograr ese equilibrio. Al fin y al cabo, Leo es el signo opuesto a Acuario.

El ascendente gobierna nuestro cuerpo, el estilo y la apariencia. También nos indica los rasgos físicos y la forma en la que nos movemos. Ascendente Libra indica encanto, una voz melódica, buen estilo; ascendente Géminis significa ojos brillantes, inquisitivos, y una tendencia a gesticular mucho al hablar; y el ascendente Escorpio parece alguien oscuro y misterioso, que escudriña con intensidad a los desconocidos.

Este capítulo describe la naturaleza de cada ascendente, la primera impresión que da, su infancia, sus rasgos físicos y cómo encuentra el equilibrio.

ASCENDENTE ARIES

PRIMERA IMPRESIÓN
seguro de sí mismo, fuerte, valiente, directo

ASPECTO FÍSICO
frente alta, capacidad de mando, mirada esquiva, propenso a lesiones en la cabeza, posibles marcas de nacimiento o cicatrices en la cabeza o la cara

Las personas con ascendente Aries parecen fuertes, directas, confiadas y entusiastas. Es la posición más potente para el ascendente en Aries, ya que el principio del zodíaco es también el principio de su carta natal. En la vida cotidiana lo tienen fácil para dar su opinión, afirmar lo que piensan y pedir lo que quieren. Ágiles y decididos, poseen habilidades naturales para el liderazgo. Les gusta iniciar proyectos y tomar el mando, erguirse en catalizadores de toda actividad. Regidos por Marte, el planeta de la virilidad, la sexualidad y la agilidad corporal, estos ascendentes a menudo se convierten en atletas, al poder activar con facilidad su energía física.

INFANCIA

De niños, los ascendente Aries son revoltosos y entusiastas. Se vuelven autónomos pronto, aprenden a conocerse a sí mismos al margen de la dinámica familiar. La trayectoria que los determina es liberarse de sus padres, ser independientes y tomar el mando de sus vidas. Esto empieza en la infancia y sigue hasta bien entrada la madurez. Pueden surgir dificultades a edades tempranas, ya que tienden a excederse y a actuar con demasiado vigor. Sin embargo, acumulan una gran fuerza personal y de autoexpresión, claves para desatar su inmenso potencial. Estos niños no temen pelear por lo que quieren, y disfrutan sin miedo de los retos. Más adelante serán capaces de grandes sacrificios personales, de pasar penurias por el bien de su familia, a veces incluso de forma heroica.

ENCONTRAR EL EQUILIBRIO

Los ascendente Aries pueden ser discutidores y combativos. Su equilibrio radica en incorporar las cualidades de Libra, que es su sombra y polo opuesto. Estas cualidades incluyen el tacto, el cuidado y la consideración por los demás. A menudo atraen parejas similares a Libra, que los ayudan a rebajar su impetuosidad y ensimismamiento. Si consiguen combinar su sentido innato de la independencia con su fuerte deseo de conectar con los demás, pueden crear espacios pacíficos y respetuosos para amigos y parejas. Conseguirán así la armonía en sus relaciones, lo cual es muy gratificante para ellos, señalando así de su evolución.

ASCENDENTE TAURO

PRIMERA IMPRESIÓN

atractivo, confiable, lento, sensual

ASPECTO FÍSICO

mirada serena, mandíbula delicada, cuello destacado
(grueso o largo y elegante), cuerpos grandes

Tauro es una de las posiciones más agradables para el ascendente. Los demás los perciben bellos y atractivos, al margen de sus rasgos físicos. Tiene buena presencia, estilo, un comportamiento tranquilo y alardes naturales de riqueza. Pacíficos y relajados, atraen muchas amistades. Al disfrutar de las artes bellas, táctiles y prácticas, es probable que sean bailarines, jardineros, cocineros, alfareros o estilistas talentosos. Los ascendente Tauro se detienen a sentir el entorno, para apreciar el lujo y lo mejor de la vida. Los incomoda el cambio, prefieren la previsibilidad y moverse entre lo tangible. También disfrutan conectando con otros a través de los sentidos, valorando una buena comida, el vino, el sexo y otros placeres. Dedican mucho tiempo a descansar y a cuidarse, lo cual indica una autoestima sana. Sólo deben tener cuidado con la terquedad, con aferrarse demasiado a sus opiniones. Pueden carecer de la capacidad de fluir, de resistirse a los cambios de tendencias y a las opiniones divergentes.

INFANCIA

Los ascendente Tauro son niños serenos, tranquilos y pacientes, que a veces necesitan que los persuadan para afrontar un cambio. Se mueven con lentitud, y les puede costar adaptarse a los cambios bruscos. La vida temprana del ascendente Tauro a menudo está marcada por la comodidad, la estabilidad y la seguridad. Puede que su familia les inculque la creencia de que es importante acumular riqueza y objetos materiales, lo cual puede generar tendencias materialistas. También puede que aprendan a asociar la comida con bienestar, lo que los obligará a refrenar los excesos de comida más adelante. Sin embargo, la seguridad que experimentan en su infancia les permite ser criaturas generosas y maternales. Son capaces de arropar a los demás con su calor natural, porque irradian confort y seguridad.

ENCONTRAR EL EQUILIBRIO

La lección para un ascendente Tauro viene de saber dejarse llevar, aceptar los cambios y sumergirse en los aspectos menos tangibles de la experiencia humana. Deben expresar su sexualidad y su sensualidad abiertamente, buscando parejas que disfruten del placer físico como ellos. Su lado sombra, su polo opuesto, es Escorpio, y deben aprender a incorporar y aceptar los aspectos más oscuros de su psique, tales como la posesividad, los celos y la angustia. Normalmente, esto aparece al mantener relaciones con personas más intensas que ellos, que alteran su sensación de seguridad, aunque hacen más profundo su viaje emocional. Su camino vital implica lanzarse a lo desconocido y combinar su elegancia inherente, su pragmatismo y sus inclinaciones estéticas con el inestable mundo de la profundidad emocional.

ASCENDENTE GÉMINIS

PRIMERA IMPRESIÓN
sociable, ingenioso, adaptable, inteligente

ASPECTO FÍSICO
rasgos delicados, de naturaleza esbelta y ágil, mirada traviesa, nervioso, gesticula con las manos al hablar, cara expresiva

Los ascendente Géminis dan la impresión de ser inteligentes e ingeniosos, de tener una mente fuerte y buenos modales. La comunicación es clave para ellos, y se crecen al conectar con los demás y con una participación social activa. Son maestros excelentes, grandes conversadores, con facilidad para intercambiar ideas y compartir cuanto saben. Como van aprendiendo diversos oficios e intereses, a veces les cuesta centrarse en un solo tema. De curiosidad insaciable, recogen información allá donde van. Inquisitivos e inquietos, les encanta conocer gente, y se interesan por los demás con auténtica curiosidad. Con tanto por explorar, a estos ascendentes les cuesta sentar la cabeza o comprometerse con un solo lugar, una sola persona o una carrera.

INFANCIA

Los ascendente Géminis requieren muchos estímulos. Son bebés movidos y comunicativos, almas curiosas que necesitan más supervisión de la normal. Habladores e inteligentes, estos niños deben cumplir su anhelo de comunicarse con el mundo y de aprender insaciablemente. A menudo parecen más jóvenes que sus compañeros de clase y esa característica los acompaña hasta la vida adulta. Lo que más les conviene es que les permitan conectar a menudo con otros, hablar y socializar con mucha gente. Esto los ayuda a desarrollar su adaptabilidad innata.

ENCONTRAR EL EQUILIBRIO

Con tendencia a sufrir tensión nerviosa, los ascendente Géminis deben trabajar de forma consciente su impaciencia y su aburrimiento, encontrando vías de escape físicas para su elevada energía mental. Se sienten realizados cuando tienen estímulos constantes, experiencias nuevas, viajes y conexiones. Las relaciones con parejas como Sagitario (su polo opuesto) los ayudarán a abrir su mente intelectual. Almas filosóficas y espirituales, harán que la experiencia de los ascendente Géminis sea más profunda, aportando contexto y significado a información intrascendente. Para que encuentren el equilibrio y puedan ampliar sus grandes talentos deben buscar la sabiduría, explorar culturas y sistemas de pensamiento desconocidos, así como aprender a conectar de forma plena con su cuerpo y su corazón.

ASCENDENTE CÁNCER

PRIMERA IMPRESIÓN
maternal, cuidador, emotivo, sensible

ASPECTO FÍSICO
cara redonda, zona abdominal destacada (o muy redonda o muy esculpida), tórax pronunciado, expresión soñadora

A los ascendente Cáncer se los ve como almas cariñosas, que cuidan a los demás y que a menudo demuestran su sensibilidad y su emotividad. Son bastante videntes, con poderosas intuiciones y la capacidad de sentir las emociones ajenas como propias. Al ser tan vulnerables, a veces desarrollan un caparazón duro para protegerse. En lugar de mostrar su sensibilidad, dan la impresión de ser bruscos o temperamentales. Crear un hogar seguro resulta vital para ellos porque éste ejerce de caparazón. Al ser especialmente sensibles, les convienen los entornos pulcros y pacíficos. Son capaces de trabajar bien de cara al público y a menudo son buenos hombres y mujeres de negocios, dado que poseen determinación, pragmatismo y cautela junto con una fuerte intuición. Son leales a sus amigos íntimos, les encanta cuidar y cocinar para los demás. Les gusta conectar a un nivel profundo, prefiriendo la intimidad a la superficialidad. Cuando se sienten seguros, los ascendente Cáncer son buenos viajeros, llevando su hogar a cuestas mientras se adaptan con facilidad a las corrientes que van cambiando a su alrededor.

INFANCIA

La relación con la madre es especialmente importante para los niños con ascendente Cáncer, que suelen sentirse muy apegados a quien los cuida. Por ello, es esencial que desarrollen relaciones sanas con sus progenitores. Son niños tranquilos que absorben su entorno dejando que les cale cuanto los rodea, adaptándose al humor y a las expectativas de los demás. Ésta es la semilla de su carácter profundamente intuitivo. Observan el entorno y van aprendiendo a confiar en sí mismos a medida que sus intuiciones se corroboran. Una parte importante de su viaje de infancia es desprenderse de la fuerte dependencia de la familia. Deben aprender a protegerse y a ser autónomos.

ENCONTRAR EL EQUILIBRIO

Para los ascendente Cáncer es clave establecer límites. Con una fuerte necesidad de cuidar, a menudo se sienten perdidos en las emociones de los demás. Deben aprender que, en última instancia, sólo somos responsables de nosotros mismos. Al final, todos debemos encontrar nuestro propio camino. Tienden a aferrarse a sus emociones y al pasado, y parte de su trayectoria consiste en desarrollar un sentido armonioso del ritmo y del tiempo. Esto casualmente es el don de Capricornio, su polo opuesto. Los ascendente Cáncer suelen buscar parejas que encarnan la fuerza y estabilidad de Capricornio, que los hace sentir seguros. Pero primero deben desarrollar esas cualidades por sí mismos. A medida que construyen recipientes más sanos para las emociones que fluyen, podrán dejarse llevar con mayor libertad, cuidando y protegiendo a los demás mientras dominan el don de la intuición profunda.

ASCENDENTE LEO

PRIMERA IMPRESIÓN

juguetón, creativo, dramático, afectuoso

ASPECTO FÍSICO

melena llamativa, expresión teatral, porte majestuoso

Los ascendente Leo llaman la atención cuando entran en un sitio, se comportan como estrellas y tienen un aire teatral. Sus vidas están orientadas hacia la creatividad y a descubrir sus talentos. Aunque les cueste reconocerlo, estos ascendentes necesitan sentir que los admiran y los respetan mucho para sentirse bien consigo mismos. Son almas cercanas, talentosas y generosas que quieren compartir su luz y guiar a los demás en los buenos momentos. Juguetonas y divertidas, son personas que disfrutan socializando. Necesitan dar salida a su espontaneidad, su inspiración, su creatividad y su pasión.

INFANCIA

Populares por naturaleza, a los niños ascendente Leo les va bien con sus compañeros, encajan en sus grupos de amigos y asumen su liderazgo. De pequeños, los ascendente Leo reciben muy poca o demasiada atención. Esto genera su deseo de ser mirados y adorados. Si lo trabajan conscientemente, empezarán a sentirse más realizados y no necesitarán tanto la aprobación de los demás. Los padres pueden fomentar la singularidad de los ascendente Leo para paliar su miedo a destacar como el distinto o el raro. Cuanto más puedan expresar su creatividad, más fácil será su vida de adultos.

En su deseo de sentirse aceptados y amados, los ascendente Leo pueden olvidarse de potenciar su autenticidad y su singularidad. Deben esforzarse por expresarse con libertad, sin que les preocupe lo que piensen los demás. Desprenderse del miedo al rechazo y de la necesidad de aprobación ajena los hará sentirse más completos y seguros. Las personas como Acuario son parejas maravillosas para almas con ascendente Leo, porque tienen un espíritu rebelde, intrépido, con una visión humanitaria. Incorporar estas cualidades amplía su perspectiva de propósito y de seguridad en sí mismo, algo vital para que desarrollen una autoexpresión sana.

ASCENDENTE VIRGO

PRIMERA IMPRESIÓN
humilde, servicial, inocente, tímido

ASPECTO FÍSICO
de movimientos dulces y elegantes, voz suave, nariz refinada,
ojos claros, cuerpo de aspecto delicado pero fuerte

Los ascendente Virgo son educados y hablan con suavidad, muy preocupados por el bienestar de los demás. Son humildes y devotos, centrados en ayudar a las personas. Tienen facilidad para valorar, con mucho criterio, cómo está un entorno y todas las personas que hay en él. Son analíticos y perceptivos, se fijan en los detalles, suelen reconocer la hipocresía. Para que estas almas sensibles se sientan bien y sean productivas es importante que haya orden y limpieza a su alrededor. Sólo necesitan vigilar y controlar su afán por criticar y su propensión al sacrificio personal.

INFANCIA

Los ascendente Virgo son niños dulces y obedientes que no le harían daño a una mosca. Con tendencia a preocuparse por todo, les va bien conectar con la naturaleza y los animales, así como aprender a aceptarse a sí mismos. Unos padres perfeccionistas son perjudiciales para estas almas, que necesitan aprender a relajarse, a desarrollar su imaginación, y a quienes los ayuda entender que cometer errores no es ningún drama. A estos niños los atraen las novelas románticas y de misterio, ya que los ayudan a suavizar su rigidez y a abrirse al mundo más fluido de los sueños y de la fantasía, que los atrae mucho.

ENCONTRAR EL EQUILIBRIO

Para los ascendente Virgo, la clave para encontrar el equilibrio es juzgar menos y aprender a perdonarse a sí mismos y al prójimo. Modestos y sensibles a la más mínima crítica, estos ascendentes deben trabajar para ocuparse de sí mismos y desarrollar un amor propio incondicional. Propensos a los problemas digestivos y a los nervios delicados, les conviene cuidar de su salud, aunque sin obsesionarse. La meditación, el yoga y la música son actividades ideales para aliviar tensiones, los ayudan a desconectar su mente analítica. Su sombra sería Piscis (su polo opuesto), por lo que incorporar las cualidades del pez los ayudaría mucho a evolucionar. Los atraen las almas poéticas que fluyen, que aceptan a todo el mundo con naturalidad y demuestran el poder de la compasión sin límites. Aunque parezca extraño, su contraparte en Piscis los ayuda a relajar su perfeccionismo, enseñándoles que todo, incluido el ascendente Virgo, puede ser perfecto tal como es.

ASCENDENTE LIBRA

PRIMERA IMPRESIÓN

encantador, elegante, indeciso, pacificador

ASPECTO FÍSICO

rasgos pequeños y simétricos, voz melodiosa,
sonrisa luminosa, cara con forma de corazón, hoyuelos, estilosos

Los ascendente Libra son atractivos y encantadores, se mueven con belleza y elegancia. Llenan de armonía una sala nada más pisarla, notando las energías que están descompensadas y restableciendo su equilibrio. La justicia y la diplomacia son importantes para estas almas, que se esfuerzan por mantenerse justas y objetivas. Al ver los pros y los contras de cualquier circunstancia, puede que les cueste tomar decisiones, vacilando entre una opción y otra. Al ser sensibles a la armonía y a la estética, estos ascendentes suelen vestir muy bien y son capaces de crear entornos refinados y agradables. Son excelentes negociadores y consejeros, saben escuchar y su sentido de la justicia es enorme. Se identifican mucho con sus relaciones, otorgando muchísima importancia a encontrar la pareja ideal. Es posible que sean vagos y complacientes hasta que sepan exactamente lo que quieren y, a menudo, hasta que encuentran al compañero perfecto. Como son compatibles con casi cualquier persona, les puede costar dar con la adecuada. A menudo idealizan a los demás y pueden carecer de criterio.

INFANCIA

Los ascendente Libra son niños obedientes, pacíficos y amables, que suelen ser populares. Son encantadores y a menudo aprenden pronto cómo conseguir lo que quieren, pero haciéndolo de manera dulce, no agresiva. Fomentar su asertividad y enseñarles que no pasa nada por desagradar a alguien de vez en cuando les resulta de ayuda. Vivir en un entorno pacífico tiene especial importancia para estos niños sensibles, ya que los ayuda a levantar el ánimo y compensar su delicado equilibrio. Movilizarlos puede ser difícil, por lo que un estilo de crianza suave pero firme suele resultar el más eficaz.

ENCONTRAR EL EQUILIBRIO

Los ascendente Libra deben esforzarse para superar su tendencia a la inacción y a la pereza. Ésta deriva de dos rasgos: su deseo de agradar a los demás y su capacidad de ver lo bueno en todo potencial. De hecho, los ascendente Libra a menudo se frustran con su propia indecisión. Su equilibrio radica en aprender a escuchar su corazón y fiarse de sus sentimientos y de sus decisiones. Compensar su masculinidad y su feminidad también es vital, encontrando el punto medio entre intelecto e intuición, mente y corazón, asertividad y receptividad. Su sombra es el agresivo Aries (su polo opuesto). Los atraen por tanto parejas como éstos, que son atrevidos, impulsivos y directos, lo cual los ayuda a ser más valientes y decididos y a expresarse directamente. A medida que desarrollan su confianza, su curiosidad innata los abre a vivir diferentes experiencias, lanzándose de cabeza a sus aventuras creativas y románticas sin cuestionarse nada.

ASCENDENTE ESCORPIO

PRIMERA IMPRESIÓN
magnético, intenso, poderoso, oscuro

ASPECTO FÍSICO
mirada penetrante y directa, comportamiento misterioso, a menudo de tez pálida, constitución física fuerte

La gente ve a los ascendente Escorpio como personas fuertes, herméticas y decididas, con un magnetismo y un carisma inmensos. Estos ascendentes son supervivientes que pueden con situaciones intensas. Son capaces de transformar circunstancias y energías con su sola presencia. Son agentes de cambio en el mundo, ya que tienen mucha influencia y capacidad de persuasión. Justamente por eso nadie los quiere como enemigos. Son voluntariosos y resilientes, a menudo se convierten en personas de negocios y líderes eficaces, afrontando cualquier reto con rigor y determinación. Pueden interpretar a los otros con su poderosa intuición. Al ser investigadores natos, pueden ser excelentes científicos o terapeutas. La profundidad de los ascendente Escorpio es evidente e intimidan a los demás con su mirada firme y penetrante. Normalmente, mantienen ocultos sus sentimientos, pero a veces explotan en un arrebato emocional, tambaleándose hacia los extremos. Su don más grande es su intrepidez emocional: su habilidad para sumergirse en las profundidades y guiar a los demás hacia la intimidad y la revelación.

INFANCIA

De niños, los ascendente Escorpio pueden parecer reservados, con sentimientos profundos que no expresan. Las muestras de amor incondicional son muy importantes para ellos, que podrían temer especialmente ser incomprendidos. Son criaturas fascinantes y carismáticas que transmiten una profundidad que no se corresponde con su edad. De carácter fuerte y obstinado, es probable que estos niños luchen y ganen, incluso a sus padres. Propensos a traumas infantiles, es esencial rodearlos de compañeros y adultos que los apoyen y ayuden a desarrollar su capacidad de percepción. Los beneficia orientar su naturaleza obsesiva hacia actividades sanas.

Para encontrar el equilibrio, los ascendente Escorpio tienen que aprender a confiar y rendirse, renunciando a su necesidad de controlar. Desarrollar su estabilidad es clave para expandir sus talentos, profundizando en sus habilidades de transformación y percepción sin descentrarse. A menudo atraen parejas como Tauro (su polo opuesto), que les ofrece simplicidad y estabilidad. Una pareja práctica y equilibrada les enseña cómo parar y cuidarse. Los ayuda comer bien, practicar yoga, la jardinería y disfrutar. Esto templa su tendencia el extremismo y a las complicaciones. Si encuentran su punto de equilibrio, estos ascendentes podrían contribuir enormemente a cambiar el mundo, ayudando a transmutar los rincones más oscuros de la realidad desde la seguridad interior, la dignidad y la confianza.

ASCENDENTE SAGITARIO

PRIMERA IMPRESIÓN
alegre, optimista, inspirador, inquieto

ASPECTO FÍSICO
elegancia descuidada, expresión amable y abierta,
piernas fuertes, barbilla afilada (como el centauro),
expresión cómica, ojos brillantes

Los ascendente Sagitario son personas animadas, extrovertidas, independientes e inspiradoras. Regentados por Júpiter, generan una suerte tremenda, encontrándose con la buena fortuna y coincidencias favorables allá donde van. Al ser inquietos, anhelan la aventura y viajan a menudo, tanto física como con mentalmente. Divertidos y desenfadados, a veces evitan las emociones difíciles, sintiéndose agobiados por los problemas de los demás o propios. Son almas espirituales, les encanta la naturaleza y, al conectar con ella, sintonizan con planos superiores. Pueden parecer bruscos e insensibles, ya que siempre dicen la verdad. Estos ascendentes inspiradores pueden ser maestros maravillosos, haciendo que otras personas sean receptivas a perspectivas distintas, ayudándolos a desarrollar la consciencia a medida que expanden continuamente la suya.

INFANCIA

Los niños ascendente Sagitario son juguetones y felices, y muestran una disposición alegre. A menudo son graciosos, cuentan chistes y hacen reír. Puede que aprendan a dejar de decir lo que les preocupa si perciben cómo sus palabras afectan a otros. Sin embargo, su frescura es una inspiración. Estos niños imaginativos conectan fácilmente con el simbolismo, el espíritu y la magia. Les conviene hacer actividad física a menudo y pasar tiempo al aire libre. Son extrovertidos y amantes de la libertad y prosperan cuando se les permite seguir su curiosidad y su sed de aventura.

ENCONTRAR EL EQUILIBRIO

Los ascendente Sagitario buscan la verdad y quieren descubrirla por sí mismos. Pueden parecer nerviosos en su búsqueda constante de experiencias y del sentido de la vida, lo que a veces los lleva a un exceso de entusiasmo y a la imprudencia. Se sentirán compensados si desarrollan sus cualidades Géminis (su polo opuesto). Práctico, cínico y con criterio, Géminis ayuda a contrarrestar la mentalidad abierta y el inocente optimismo del ascendente Sagitario. De hecho, los ascendente Sagitario a menudo encuentran parejas intelectuales y que son como Géminis, que los ayudan a crear estructuras consistentes para su caudal de ideas y sus grandes objetivos. Así mejoran su enfoque analítico y afinan la perspectiva. De este modo, el ascendente Sagitario puede conducir a los demás a la sabiduría a través de sus aventuras bien planificadas, viajando tanto por el mundo como por nuestras mentes.

ASCENDENTE CAPRICORNIO

PRIMERA IMPRESIÓN
reservado, serio, determinado, refinado

ASPECTO FÍSICO
voz profunda, ojos sabios, lento y prudente,
dentadura fuerte, cejas pronunciadas, mandíbula marcada

Los ascendente Capricornio dan la impresión de ser personas tradicionales, pacientes, tímidas, contenidas y un poco cohibidas. Se preocupan por ser amables y correctos para no causar problemas ni romper las normas sociales. Pueden parecer presuntuosos o distantes, pero en realidad suelen sentirse inseguros y anhelan poder expresarse con libertad. Sin embargo, su contención también es su don, al hacerlos individuos elegantes y refinados. Los ascendente Capricornio son maravillosamente fiables, determinados y autosuficientes. Pueden ser graciosos y tener dotes musicales porque poseen un excelente sentido del ritmo. Son capaces de lograr lo que se propongan, sólo deben controlar su agobiante perfeccionismo. Son estables y centrados, se mueven con cuidado y demuestran la sabiduría de la cabra, que es capaz de escalar cualquier montaña sin prisa pero sin pausa.

INFANCIA

Los ascendente Capricornio a menudo son niños tímidos y pensativos. Parecen más maduros de lo que les corresponde, pequeños adultos en cuerpos de niños. Tienen una conexión muy fuerte con sus progenitores, especialmente con el padre. A veces experimentan una interrupción en una de las relaciones, sintiendo aislamiento y soledad. Si se los anima a jugar más, puede compensarse el sentido de responsabilidad y orden tan fuerte que tienen. Estos ascendentes rejuvenecen a medida que crecen. Al atenuarse su seriedad, su sentido del humor encuentra una vía de expresión.

ENCONTRAR EL EQUILIBRIO

Puede que los ascendente Capricornio deban luchar contra la creencia de que los obstáculos y las dificultades son necesarios para lograr un objetivo. Los frenan sentimientos de culpa y represión, lo cual los cierra a los placeres de la vida. Su equilibrio viene de desarrollar cualidades de Cáncer (su polo opuesto). Deben conectar tanto con su madre interna como con su amor incondicional ya que esto ayuda a eliminar limitaciones autoimpuestas. Son bastante cariñosos y sensibles en sus relaciones cercanas y les conviene una pareja maternal que traspase su dura barrera exterior. El humor, la intimidad y la comodidad están al alcance de este signo confiable si saben trabajar con su sombra, combinando lo masculino y lo femenino de su ser, y aprendiendo que se puede ser descuidado e imperfecto. Su humor innato brillará cuando aprendan a divertirse mientras dedican su vida a su familia y a su carrera.

ASCENDENTE ACUARIO

PRIMERA IMPRESIÓN
creativo, independiente, divertido, original

ASPECTO FÍSICO
perfil bonito, movimientos excéntricos, ojos claros, piernas proporcionadas, voz suave o franca y directa, sensible a la temperatura

Los ascendente Acuario se muestran como almas excéntricas, rebeldes y emocionantes, que divierten con su originalidad. A veces parecen obsesionados con hacer las cosas de forma distinta y su visión alternativa. Con un estilo único y un comportamiento inusual, estos ascendentes nos mantienen atentos, impresionándonos con su inconformismo. Sienten con fuerza la intuición y el impulso, y tienen respuestas y puntos de vista que parecen procedentes de otra galaxia. Rinden mejor cuando pueden expresarse con libertad y de forma auténtica, sin sentirse reprimidos ni juzgados. Aunque a veces parezcan fríos y distantes, estos ascendentes se crecen cuando forman parte de comunidades fuertes y de actividades humanitarias. Son capaces de crear grupos de amigos creativos e interesantes en torno a aficiones comunes. Son visionarios e iconoclastas, ven con facilidad la perspectiva general. Allanan el camino para el futuro, ayudando a crear una sociedad que refleje la culminación del potencial humano.

INFANCIA

Los niños de ascendente Acuario son sociables y simpáticos. Al habitar mundos fantásticos de creación propia, apenas necesitan aceptación social. Son niños que traen lagartos exóticos y amigos peculiares a casa y disfrutan de sus investigaciones de lo desconocido. Pueden parecer distantes porque prefieren el mundo de las ideas y de la imaginación al de la conexión emocional. A veces pueden sufrir por sentirse aislados de sus compañeros, pero éste es también su don. Son capaces de encontrar su huella particular, de mostrar su verdadero ser, sin importarles las circunstancias.

Si bien los ascendente Acuario son almas extremadamente idiosincrásicas y especiales, encuentran equilibrio cuando consiguen un público para sus talentos singulares, al combinar su afecto y su creatividad con un propósito más profundo. Es sano que estos ascendentes desapegados se permitan más pasión y más muestras de emoción. Deben aprender que los arrebatos de emoción están ligados al amor y la alegría, y que esta expresividad auténtica nos puede unir de forma altruista. Encontrar parejas cariñosas, expresivas y teatrales que representen cualidades similares a las de Leo (su polo opuesto) los ayudará a conectar más profundamente con la experiencia humana, anclando sus dotes etéreos a la tierra para el beneficio de todos.

ASCENDENTE PISCIS

PRIMERA IMPRESIÓN
relajado, imaginativo, sensible, poco práctico

ASPECTO FÍSICO
ojos grandes y soñadores, comportamiento suave, voz reconfortante, pies prominentes, piel suave, movimientos fluidos, cualidad artística

Aquellos con ascendente Piscis tienen una habilidad especial para fluir con el entorno. Pueden convertirse en el alma de la fiesta sin esfuerzo al fundirse con las energías que haya en el ambiente. Su punto de entrada al mundo es primordialmente a través del idealismo y la sensibilidad. A menudo son creativos y espirituales, disfrutando de las artes muy imaginativas, tales como la fotografía, el cine, la danza, la música y el teatro. Son camaleónicos y pueden adoptar la personalidad de quienes los rodean, fluyendo como el agua para adaptarse a las peculiaridades de quien sea.

Mágicos, dóciles y reconfortantes, estas criaturas sobrenaturales atraen a los demás con su presencia profundamente cariñosa.

INFANCIA

Los niños ascendente Piscis son perceptivos y soñadores. Necesitan mucho tiempo a solas para poder vivir en el plano de la imaginación. Si no se los protege, estos seres sensibles absorberán las emociones ajenas, convirtiéndose en esponjas psíquicas de la negatividad. Fingir que todo va bien cuando sus padres se pelean les hace mucho daño. Son extremadamente sensibles y literalmente sienten las emociones de los demás. Es bueno que empiecen a una edad temprana con la meditación y otras formas de cuidarse para que puedan controlar sus dotes de receptividad y compasión sin sentirse abrumados.

ENCONTRAR EL EQUILIBRIO

Para encontrar el equilibrio, los ascendente Piscis deben desarrollar unos buenos límites, su concepto de realismo y arraigo. Éstas son cualidades de Virgo, su polo opuesto. Son permeables e idealistas y, como tales, les cuesta mantener los pies en la tierra y centrarse. Los atraen parejas como Virgo, que dominan el arte de estar en el mundo, cuidando de su propia salud, cuidando su economía y manteniendo una ética del trabajo estricta. Aunque los ascendente Piscis son misteriosos, poéticos y atractivos, les llaman la atención aquellos que saben existir en la realidad mundana. Una pareja racional y lógica ayudará a anclar a estas almas etéreas, frenando su tendencia al escapismo y a la disociación. Cuando están en su centro, son expertos en moverse en distintos ámbitos ayudando a los demás a conectar con el arte, los sueños y la espiritualidad de manera práctica, ética y útil.

5

LOS PLANETAS INTERIORES

Mercurio, Venus y Marte

Seguimos desvelando quiénes somos, retirando capas, y llegamos a los planetas interiores o instrumentales: Mercurio, Venus y Marte. Se los conoce también como los planetas personales. Estos cuerpos celestes son los que orbitan más cerca de la Tierra y representan las características principales de nuestra personalidad; concretamente, nuestra mente, nuestra forma de amar y nuestra motivación. Mercurio rige la mente, el intelecto y la comunicación; Venus rige cómo somos en el amor, los valores y la creatividad; y Marte rige nuestro esfuerzo físico, las atracciones y la sexualidad.

La posición de estos planetas en el zodíaco revela cómo expresamos estas energías básicas. Alguien con Mercurio en Géminis será ingenioso e intelectual, con una mente ágil y una gran capacidad de comunicación. Venus en Libra revela una propensión al arte y al romance, un alma seductora y sensible a la belleza. Marte en Leo indica confianza sexual y un carácter juguetón, además de una tendencia a iniciar proyectos creativos.

Todos somos maravillosamente complejos. Al aprender sobre nuestros planetas interiores, descubrimos el lenguaje con el que describir nuestras complicaciones y contradicciones cotidianas. Por ejemplo, las personas que parecen serias y contenidas a primera vista (ascendente Capricornio) también pueden sentirse llamadas a perseguir aventuras y experiencias salvajes (Luna en Sagitario). Alguien que atrae almas profundas y misteriosas (Venus en Escorpio) podría sentirse atraído por intelectuales ingeniosos (Marte en Géminis).

Así, comenzamos nuestro camino de aprendizaje sobre los planetas, estudiando primero los más cercanos y yendo cada vez más lejos. Después de hablar sobre los planetas interiores en este capítulo, exploraremos los planetas sociales y los exteriores, que adquieren mayor complejidad a medida que nos alejamos de la Tierra.

MERCURIO

LA MENTE Y LA COMUNICACIÓN

El planeta Mercurio rige la mente, la comunicación y el intelecto. Nuestro signo Mercurio indica cómo hablamos, aprendemos, escribimos y razonamos. Describe nuestra mente analítica. La posición de Mercurio en nuestra carta nos indica cómo intercambiamos ideas y asimilamos información. Al gobernar nuestra curiosidad y nuestros intereses, también nos puede orientar hacia los temas que estudiaremos. Como Mercurio rige el habla, puede incluso anticipar el sonido de nuestra voz.

¿Somos expertos narradores? ¿Somos lentos pero minuciosos al aprender? ¿Nos atrae estudiar filosofía o religión? ¿Historia o antigüedades? ¿Hablamos con contundencia o con humildad? Éste es el tipo de preguntas que nuestro emplazamiento de Mercurio puede responder.

Por ejemplo, Mercurio en Leo produce nativos (personas con este emplazamiento) que se sienten cómodos actuando y hablando en público. Aquellos con Mercurio en Escorpio disfrutan de conversaciones íntimas y profundas, desmontando las cosas para entenderlas. Mercurio en Libra usa un lenguaje hermoso y habla melodiosamente. Al tener mentes justas y equilibradas, tienden a estudiar derecho o bellas artes.

Si muestra su peor cara, Mercurio será voluble y superficial. Su curiosidad innata lo puede llevar a ser insaciable. Las cualidades intelectuales pueden desconectarse de las del corazón y convertirse en prejuicios, racionalización y prisa. Mostrando lo mejor de sí, Mercurio es el mensajero y el espejo, transmite información con claridad y precisión, nos conecta entre nosotros. Está asociado con el dios griego Hermes, el mensajero divino con sandalias aladas. Mercurio vuela entre el mundo humano y el superior, recabando información para integrarla en nuestra sabiduría y en nuestro despertar.

La siguiente sección describe Mercurio en cada signo, incluidos los estilos de comunicación, inquietudes intelectuales y patrones de habla.

MERCURIO EN ARIES

Los nativos de Mercurio en Aries son asertivos y enérgicos, con un estilo de comunicación directo. Su mente es impaciente y a veces se saltan los detalles. A menudo son percibidos como más combativos de lo que ellos mismos se sienten. Sin embargo, su encanto e inocencia infantil llenan su discurso, ayudando a templar su agresividad. Tienen talento para iniciar proyectos y para la autopromoción. A menudo los atraen los negocios y emprenderlos. Lo único que deben trabajar es el seguimiento, porque tienden a disfrutar más de empezar las cosas que de acabarlas.

MERCURIO EN TAURO

Los nativos de Mercurio en Tauro son pensadores metódicos que toman decisiones con calma. Una vez las han tomado, son rotundos e incluso tozudos. Aunque puede que sean lentos arrancando un proyecto, cuando resuelven hacer algo son increíblemente seguros y minuciosos. Uno de sus dones es el sentido común. Saben pensar de forma pragmática, en el ámbito de lo tangible. Aprenden mediante la cinestesia, siendo especialmente buenos reteniendo información cuando ésta llega a través de los cinco sentidos. De hecho, puede que estudien artes culinarias, agricultura, danza, floristería o moda: cualquier asunto relacionado con los placeres sensoriales y sus gustos refinados y artísticos. Hablan de forma pausada y relajada. Directos, sin florituras y autoritarios, se los suele tomar en serio. También tienen un estilo agradable al hablar. A menudo son cantantes con talento, reconocidos por su voz melodiosa y relajante.

MERCURIO EN GÉMINIS

Los nativos de Mercurio en Géminis son ingeniosos, curiosos e intelectuales. Son excelentes comunicadores, profesores y escritores, y suelen sacar buenas notas en el colegio. Son personas con intereses dispares que parecen saber de todo. Sólo deben esforzarse por profundizar un poco en la materia. Como son inquietos y absorben la información con rapidez, aprenden mejor en ambientes estimulantes con un ritmo acelerado. Su mente lógica provoca que a veces se olviden de la intuición. Son habilidosos a la hora de transmitir pensamientos intelectuales, pero pueden ser fríos a la hora de comunicarse a nivel personal. Deben intentar expresarse más desde el corazón cuando hablan de temas emocionales. En general son conversadores persuasivos que cautivan y entretienen con un sentido del humor brillante.

MERCURIO EN CÁNCER

Los nativos de Mercurio en Cáncer son oradores amables, intuitivos. Pueden ser maravillosamente hábiles hablando en público, ya que sienten a los demás y adaptan su discurso a la energía presente. Al ser almas compasivas y sensibles, sus palabras están impregnadas de emoción. Aprenden de forma subjetiva, respondiendo más a historias personales que a datos fríos y duros. Son excelentes oyentes. Aparentemente son lentos, pero lo escuchan todo y lo retienen durante mucho tiempo. Sus voces tienden a arrullar de forma melodiosa, haciendo que los demás se sientan seguros y protegidos. Su discurso es tan firme y rotundo como agradable y reconfortante.

MERCURIO EN LEO

Los nativos de Mercurio en Leo son oradores persuasivos, dramáticos y autoritarios, que tienen un aire teatral cuando transmiten sus ideas. Hablan de forma convincente pero cercana y tienden a contagiar sus opiniones porque están plenamente convencidos de ellas. Los suelen atraer las personas creativas y anhelan expresarse de forma artística. Aunque son comunicadores y líderes excelentes, los ayudaría ser más humildes con respecto a sus ideas, templando su grandilocuencia. Son bastante ambiciosos pero también les encanta jugar. Generan mucho entusiasmo en cualquier proyecto en el cual disfruten. No están hechos para trabajos tediosos y deben encontrar la manera de dedicar su energía mental a actividades imaginativas e inspiradoras.

MERCURIO EN VIRGO

Los nativos de Mercurio en Virgo son excelentes analistas, investigadores y escritores. A menudo prosperan en el colegio, sin miedo al trabajo mental tedioso. Dotados de una lógica impecable, tienen una mente clara, aguda y organizada. Están orientados al detalle y son prácticos. Rara vez usan un lenguaje superfluo, ya que prefieren ser precisos y breves. Por ello, pueden ser excelentes editores. Son muy buenos manejando datos y cifras, ciñéndose a un presupuesto equilibrado y haciendo amigos y compañeros increíblemente provechosos. Aunque son humildes, también son perfeccionistas y saben reprimirse al hablar. Los favorece relajarse y ampliar sus puntos de vista, pensando de forma más abierta y poética.

MERCURIO EN LIBRA

Los nativos de Mercurio en Libra poseen mentes maravillosas que son tanto poéticas como intelectuales. Buscan el equilibrio, tanto en el mundo como en su entorno inmediato. Por ello, tienden a estudiar temas relacionados con la justicia o con el arte. Un halo de belleza envuelve sus palabras. Poseen un don especial para la escritura, además de tener una forma de hablar melódica y encantadora. Son sociables y amigables, y funcionan bien en grupo, pues a veces necesitan que otra persona lidere los proyectos. Evitan las discusiones e intentan encontrar la manera menos ofensiva de responder, costándoles a veces ser directos. Sin embargo, este emplazamiento también les aporta una mentalidad increíblemente justa. Hacen grandes esfuerzos por sopesar los pros y los contras de cada decisión. Son persuasivos y diplomáticos, seducen con su lenguaje, discurso e ideas encantadoras. Como los Virgo, pueden ser perfeccionistas, buscando que cada decisión sea equilibrada, bella y justa, lo que a menudo los lleva a la indecisión. Deben esforzarse por desarrollar su iniciativa y aceptar los desacuerdos y los errores.

MERCURIO EN ESCORPIO

Los nativos en Escorpio tienen una mente profunda y penetrante. A menudo disfrutan de conversaciones íntimas en las que se discute sobre lo intangible, como los sentimientos, las ciencias ocultas y la ciencia teórica. Les encanta investigar y poseen la increíble capacidad de observar cada detalle. Anhelan llegar al fondo de cada asunto, sumergiéndose de lleno con su mente inquisitiva en las ideas y los intercambios y arrastrando a los demás con ellos. Esto los convierte en conversadores increíblemente apasionados, intensos y fascinantes con una extraña capacidad para captar a las personas y averiguar qué las motiva. Deben tener cuidado con no volverse manipuladores, resentidos o tercos. Si orientan su mente hacia actividades que merecen la pena, estos nativos son extremadamente eficaces y estratégicos, logrando todo lo que se propongan.

MERCURIO EN SAGITARIO

Los nativos de Mercurio en Sagitario tienen la mente abierta y orientada a buscar la verdad. Pueden ser oradores inspiradores y profesores que guían a los demás con su expansiva mentalidad. Muestran un deseo contagioso de aprender, forzando los límites de la zona de confort, tanto suyos como ajenos. Así, a menudo estudian religión, filosofía y culturas lejanas, interesándoles cualquier cosa que pueda ampliar su punto de vista. Directos y entusiastas en su discurso, a veces les cuesta escuchar. Mientras que generalmente son abiertos, deben tener cuidado con el pensamiento dogmático. Agradecen la autenticidad y la franqueza y carecen de paciencia con los discursos rebuscados y la manipulación. Cuando no expresan sus creencias de forma apasionada, su mentalidad es alegre y brillante, se divierten fácilmente con conocidos y extraños.

MERCURIO EN CAPRICORNIO

Los nativos de Mercurio en Capricornio tienen una mente metódica, racional y estable. Cumplen sus tareas con ambición y paciencia. A veces son serios y pueden excederse encasillando y ordenando. Se enfrentan a las tareas mentales y al aprendizaje de forma pausada, y necesitan tiempo para desglosar la información en fracciones pequeñas con las que poder trabajar. Aunque tarden más que la mayoría de las personas en aprenderse las cosas de memoria, cuando lo hacen, no las olvidan nunca. Son astutos y con excelente criterio, por lo que les encanta estudiar asuntos prácticos como dirección de empresas, construcción o carpintería artesanal. Suelen ser aficionados a la historia y a las antigüedades. También son habilidosos en cualquier cosa que requiera de un buen control del tempo, como la música y el teatro. Sólo deben esforzarse en relajar su escepticismo y en encontrar formas expresivas y emotivas de comunicarse. Su precisión y su prudencia son activos increíbles, pero también les impiden asumir riesgos y compartir.

MERCURIO EN ACUARIO

Las mentes de los nativos de Mercurio en Acuario son bellas e ingeniosas, con dotes de genio creativo. Son personas con amplitud de miras que se mantienen objetivas, y les encanta discutir sobre temas fascinantes como la física cuántica, la naturaleza de la realidad o el futuro de la humanidad. Piensan de forma alternativa, con facilidad para encontrar perspectivas originales y para la invención. Poseen una fuerte intuición. Las ideas pueden llegarles de golpe, como desde otro mundo. Al tener talento innato para la electrónica, estos nativos a menudo son pioneros de la tecnología. Pueden ser polémicos y deben intentar rebajar su tendencia a querer impresionar, porque a veces disfrutan incomodando a los demás con lo que dicen. Sin embargo, éste también es uno de sus dones. Hacen que las personas se retuerzan y expandan su mente más allá de la autocomplacencia.

MERCURIO EN PISCIS

Los nativos de Mercurio en Piscis son soñadores y abstractos, y se expresan de forma dulce y mística. A menudo se pierden los detalles prácticos y se concentran en el mundo intangible de los estados de ánimo, las energías y los sentimientos. Su forma de hablar es suave y compasiva. Tienen una gran capacidad de escuchar. Sienten aversión por los datos fríos y prefieren leer entre líneas e interpretar los matices. Se puede extraer muchísima sabiduría de su forma de ser y sólo deben intentar ser algo más prácticos. A menudo son despistados y tímidos intelectualmente porque les falta confianza en sí mismos. Sin embargo, son visionarios y creadores artísticos extraordinarios que pueden ayudar a quienes los rodean a expandir sus mentes más allá de la realidad física, a dominios espirituales, teóricos y nebulosos. Tienen un don para la meditación y suelen estudiar temas relacionados con la espiritualidad. Dado que son capaces de canalizar y recurrir a la magia y a la imaginación, también suelen estudiar danza, fotografía, cine, poesía o música.

VENUS

AMOR, CREATIVIDAD Y VALORES

Venus es el planeta de la creatividad, la feminidad, el amor y el placer. Es la artista, la amante y, en algunas tradiciones, la diosa de la paz. Como tal, aporta belleza, armonía y abundancia a todo lo que toca. El emplazamiento de Venus en nuestra carta nos indica cómo interactuamos con la estética, en las relaciones y con la riqueza. Es donde atraemos a los demás, dibuja nuestro encanto, estilo y sociabilidad. Venus rige la creatividad y el placer y nos habla de cómo conectamos con parejas y amigos. Sabemos que Venus está presente cuando sentimos que brillamos con gracia en sociedad.

¿Qué y a quién amamos? ¿Cómo nos comportamos en una fiesta? ¿Cuál es nuestro estilo personal? ¿A quién atraemos y cómo seducimos? Éstas son algunas de las cuestiones que puede responder nuestro emplazamiento de Venus.

Una persona con Venus en Géminis sería alguien a quien le encantarían las charlas ingeniosas, tendría muchos amigos, se tomaría el amor a la ligera y podría parecer inconstante a la hora de elegir pareja. Los nativos de Venus en Cáncer tienden a proceder con cuidado, a ser inseguros, y aman de forma incondicional en sus relaciones. Su expresión creativa es emotiva y personal y les encanta crear hogares hermosos y acogedores. Venus en Escorpio produce un carácter de amor profundo, con una intensidad y una sexualidad abrumadoras. Al atraer el misterio y la oscuridad, estos nativos son propensos a las aventuras amorosas furtivas o al menos a establecer conexiones personales profundas, privadas y trascendentales.

En su peor momento, Venus puede pasar de la belleza a la vanidad, del magnetismo a la manipulación. Todo lo que rige Venus es importante para el ser humano: el amor, el placer y el talento artístico. Sólo debemos cuidar de no tomarnos demasiado en serio su atractiva superficialidad. En su integridad, nos trae equilibrio, espacio y aceptación. Es generosa y encantadora, ayudándonos a sentir que todos tenemos nuestro lugar.

La siguiente sección describe a Venus en cada uno de los signos, incluida información sobre cómo amamos, a quién atraemos y cómo nos expresamos a nivel creativo y social.

VENUS EN ARIES

Los nativos de Venus en Aries son entusiastas del amor y de la creatividad. Cuando se despierta su atracción, pueden volverse impulsivos y asertivos. Al ver el amor como una competición, disfrutan de la conquista. Extrovertidos, divertidos y emocionantes, tienen mucho éxito social, aunque pueden abrumar a las personas tímidas. Si en sus cartas no aparecen planetas más domésticos, pueden ser reticentes a sentar la cabeza y orientarse hacia las necesidades ajenas. Atraen parejas desenfrenadas, enérgicas e incluso combativas, y sus relaciones se apagan con la misma premura con la que empiezan. Tanto en sus relaciones como en sus proyectos creativos, a las personas con Venus en Aries les convendría frenar y pensar a largo plazo antes de tomar decisiones. Los matrimonios tempranos son comunes en este emplazamiento.

VENUS EN TAURO

Los nativos de Venus en Tauro son tranquilos y de trato agradable. Se toman el amor en serio y su forma de seducir se basa en la constancia y la sensualidad. Cuidadosos a la hora de comprobar si su pareja es una elección segura, no se lanzan de cabeza a una aventura ni a una amistad. Son amantes generosos que disfrutan de tocarse y besarse durante horas, de dar y recibir masajes y de degustar una comida gourmet. Atraen la riqueza y la buena fortuna con facilidad, a menudo por medio de la familia o por matrimonio. Venus rige a Tauro, así que Venus es fuerte en este emplazamiento. El planeta de la belleza cae en el signo del placer terrenal. Esto significa que es probable que estos nativos posean talento artístico, a menudo convirtiéndose en cocineros, bailarines, alfareros o jardineros talentosos. Sólo deben cuidarse de los excesos con la comida, el vino o cualquier otra fuente de placer.

VENUS EN GÉMINIS

Los nativos de Venus en Géminis son personas coquetas y muy sociables que atraen a las personas mediante la palabra y la inteligencia. Sus romances y sus amistades comienzan principalmente a través del intelecto. Al tener muchos intereses y una gran habilidad para conectar con un amplio rango de personas, puede resultarles difícil comprometerse o hacer del amor el centro de su vida. Los cambios, la emoción y el estímulo mental son vitales para que sus relaciones duren. Canalizan su creatividad a través de la comunicación, la escritura, viajar y socializar. Ingeniosos y encantadores por naturaleza, estos nativos disfrutan de tener amistades de todo tipo y de acudir a muchos eventos sociales.

VENUS EN CÁNCER

Los nativos de Venus en Cáncer son parejas románticas y cuidadoras con un corazón vulnerable y con tendencia a sentirse heridos e inseguros en el amor. Para estas almas sensibles es fundamental que su pareja sea cariñosa y tranquila y que exprese claramente sus sentimientos. Debido a su carácter emocional, para ellos es importante la estabilidad a la hora de hacer amistades o de empezar una relación romántica. Si se sienten seguros, no se retirarán a su caparazón mostrando sus pinzas y su mal humor. En sus relaciones son tradicionales, leales y entregados. Éstas son las parejas que cocinarán, amarán a sus hijos incondicionalmente y con gran efusividad, que recordarán el día en que os conocisteis y exactamente lo que llevabas puesto. Su trabajo creativo es personal y sentimental, y les favorece dar salida artística a sus emociones. También ayuda a estos seres sensibles y caseros el crear un hogar confortable.

VENUS EN LEO

Los nativos de Venus en Leo son gregarios y cercanos. Atraen a las personas con su innegable carisma, su magnetismo y su luz. Leales y generosos, son almas atentas que hablarán con todo el amor a sus parejas y amigos, haciéndolos sentirse aceptados y especiales. Exageradamente populares, son el alma de la fiesta entreteniendo a los demás con su alegría y su extravagancia. A menudo son económicamente indulgentes y es probable que tengan pertenencias de lujo y se gasten el dinero alegremente. Necesitan divertirse y expresarse de forma creativa y escandalosa. Con frecuencia tienen habilidades creativas importantes y talento para actuar. Sólo deben controlar su carácter teatral y su imperiosa necesidad de sentirse admirados y adorados.

VENUS EN VIRGO

Los nativos de Venus en Virgo son leales y entregados con sus amigos y sus parejas. Trabajan duro para asistir a sus seres queridos, ayudando de buena gana en las tareas domésticas, en una mudanza, llevando comida a un amigo enfermo o ayudando a preparar una boda. A menudo son escritores habilidosos, ingeniosos y refinados. Reticentes en el amor, son como los gatos, que necesitan su tiempo para abrirse a las parejas nuevas. Una vez que lo hacen, son cercanos, afectuosos e incluso adoran a su pareja. Pero deben cuidarse de no analizar y criticar en exceso a sus parejas y seres queridos. Es parte de su autoprotección, ya que temen que los hieran o abrirse a parejas que no se lo merezcan. Su juicio provoca también sensibilidades extremas, que pueden ser excesivas si se dirigen hacia otras personas. Con las finanzas son cautelosos, fríos y astutos.

VENUS EN LIBRA

Los nativos de Venus en Libra están enamorados del amor. Se quedan prendados con facilidad, ven lo mejor de cada persona y permiten a los demás ser ellos mismos. Abiertos en lo relativo al corazón y la estética, armonizan con facilidad las energías de un ambiente y de las personas. Venus rige en Libra, así que este emplazamiento es fuerte. Éste es el más romántico del zodíaco. Genera encanto, flirteo y sensibilidad a la belleza. Receptivos a la poesía, a la luz de las velas y a otros gestos similares, estos nativos son propensos a que los seduzcan mediante susurros de amor y dulzura. Por otra parte, ellos también son seductores, persuasivos y encantadores. Consiguen con facilidad el objeto de su deseo al encontrar las palabras, los aromas y el atuendo adecuado para atraer a la gente. Tienen talento en el ámbito de la moda, el diseño, la escritura y las artes más intelectuales. Estos nativos se sienten realizados cuando aplican sus dones creativos. Son capaces de manifestar sus sueños y atraer la abundancia. Sin embargo, también adoran el lujo y pueden gastar de forma exagerada. Son almas complacientes que se sienten bastante unidas a otras personas, por lo que estos nativos prosperan en las relaciones, sean románticas o de cualquier otra clase.

VENUS EN ESCORPIO

Los nativos de Venus en Escorpio son amantes intensos y apasionados que a veces rozan la obsesión. El magnetismo sexual es fuerte en este emplazamiento, y suelen tomar la iniciativa en la intimidad, con compromiso total y centrados completamente en la persona con la que se encuentran. El amor lo engloba todo para ellos, siendo una experiencia casi espiritual. Quieren poseer a su pareja y hacer que se rinda a ellos, física y psicológicamente. Los ayudaría relajarse, dejarse llevar más, evitar las aventuras amorosas furtivas y su tendencia a la venganza cuando las cosas no les salen bien. También les beneficiaría dirigir sus energías hacia sus potentes cualidades artísticas y hacia conexiones emocionales más sanas. Cuando están estables, estos nativos son capaces de sanar profundamente, de vivir un amor transformador y de tener una expresión creativa trascendente.

VENUS EN SAGITARIO

Resulta divertido tener cerca a nativos de Venus en Sagitario. Son amigos atractivos, amables, graciosos, alegres y sociables. Amantes de la aventura, disfrutan de conexiones con personas muy diversas, y les resulta difícil decidirse. Con frecuencia, a estos nativos les es más fácil entablar amistades que relaciones sentimentales, y les va mejor con parejas que son principalmente amigos y compañeros de aventura. Necesitan a alguien que les aporte emociones y con creencias y valores similares a los suyos. Estos nativos necesitan libertad para poder ser ellos mismos y seguir ampliando sus horizontes constantemente. La buena fortuna les llega cuando viajan a tierras lejanas, y a menudo acaban teniendo parejas de otros países y de otros contextos culturales. En el amor aspiran a la perfección, que puede parecer que está fuera de su alcance. Deberían trabajar su miedo a que los posean, además de moderar sus ideales poco realistas.

VENUS EN CAPRICORNIO

Los nativos de Venus en Capricornio son amantes tradicionales que desean compromiso y, normalmente, el matrimonio. Son serios y reservados, en ocasiones contenidos a la hora de expresar sus sentimientos románticos. Temen la soledad y el rechazo, así que rara vez asumen grandes riesgos en el amor. Estables y leales, son amigos, parejas y progenitores de confianza. Sólo deben tener cuidado con no reprimir sus sentimientos de deseo y dependencia y no distanciarse cuando se sienten desairados. Resolver su afán de control puede ayudarlos a desarrollar su carácter romántico y abrirse a la conexión emocional y a intercambios sociales más auténticos. Pueden ser bailarines o músicos talentosos, ya que su expresión creativa está impregnada de un gran sentido del ritmo. Son también un apoyo para sus seres queridos, ayudándolos a trabajar en sus ambiciones mientras se esfuerzan también por alcanzar sus propios objetivos.

VENUS EN ACUARIO

Los nativos de Venus en Acuario pueden ser poco convencionales en su forma de amar. Fuerzan los límites de la convención social y establecen sus propias reglas en sus relaciones. Esto no significa que no estén dispuestos a comprometerse, sólo que, antes que cumplir con normas preestablecidas, prefieren decidir qué tiene sentido para ellos en la pareja. Les gusta experimentar, son personas magnéticas y se enamoran con la misma facilidad con la que se enfrían. Desean la libertad absoluta en el amor para poder ser ellos mismos y expresar su singularidad. Son maravillosos reuniendo a sus grupos de amigos y a su comunidad. Su amor por la humanidad a menudo es más accesible que su amor a nivel de relación íntima. Por consiguiente, suelen orientar su creatividad y su pasión a ayudar a los menos afortunados. Son muy intuitivos e inventivos, generan ideas originales que electrizan a quienes los rodean. Son increíblemente visionarios, algo que, bien canalizado, los ayudará a dar forma al futuro, beneficiando a muchos otros.

VENUS EN PISCIS

Los nativos de Venus en Piscis son extremadamente sensibles y dóciles en el amor. Románticos, soñadores y abnegados, se pueden fundir completamente con la pareja y los amigos. Estas almas demuestran la máxima forma de amar: incondicional, trascendente, sin crítica. Son extremadamente compasivos y tienen una profunda necesidad de sentirse comprendidos. El amor los puede confundir, porque tienden a cambiar de parecer según va evolucionando quien los acompaña. Como empatizan tanto, suelen atraer a personas reprimidas y necesitadas que podrían aprovecharse de su bondad. Los ayudaría atenuar su sufrimiento y poner límites sanos a sus relaciones y amistades. Estas almas a menudo destacan en los ámbitos del arte, la música y la poesía. Y si no se dedican a ellos, los sienten intensamente, con una gran apreciación. Muy sensibles a la naturaleza, son capaces de conectar con la magia de la Tierra y, especialmente, el mar, cuya belleza los reconforta.

MARTE

ENERGÍA FÍSICA, INICIATIVA Y SEXUALIDAD

Marte, dios de la guerra, es un planeta masculino y representa nuestra energía física, nuestro estilo de agresión y nuestra sexualidad. El emplazamiento de Marte indica nuestra motivación y nuestro temperamento. Nos muestra lo que nos atrae a primera vista y lo que despierta nuestra atracción animal.

¿Cuáles son nuestras pasiones? ¿Somos valientes o tímidos? ¿Qué y a quién buscamos? ¿Cómo nos comportamos cuando estamos excitados o enfadados? Éstas son las preguntas que responde Marte.

Por ejemplo, los nativos de Marte en Leo son impulsivos y propensos al drama. Incluso con el resto de sus planetas emplazados en signos más tímidos, estos nativos expresarán confianza en sí mismos y diversión tanto en el sexo como compitiendo o sobre un escenario. A las personas con Marte en Tauro los motiva crear una seguridad material, y a menudo son tozudos y tenaces una vez que inician un proyecto. Son amantes y bailarines sensuales, deleitándose lentamente con el tacto y con el cuerpo. Aquellos con Marte en Libra tienen motivación artística, pero a veces dudan antes de iniciar proyectos o relaciones, y los atraen parejas de belleza clásica. En ocasiones caen en la languidez y necesitan un empujón para lanzarse a la acción o expresar su enfado.

En su peor momento, Marte puede saltar fácilmente de la motivación y la determinación a la agresión y la falta de sensibilidad. Si nos sentimos irascibles y hostiles, sabemos que Marte está presente. Marte puede mostrarse valiente, con coraje y abundante energía para actuar y completar tareas. Es nuestro valor y nuestra masculinidad, lo que nos ayuda a asumir riesgos y avanzar.

La siguiente sección describe a Marte en cada uno de los signos, incluidos nuestra motivación, temperamento, atracciones y naturaleza sexual.

MARTE EN ARIES

Los nativos de Marte en Aries son almas entusiastas con mucha energía y el don de saber exactamente lo que quieren. Persiguen sus intereses sin dudar, tirando del coraje y asertividad que llevan dentro. Sexualmente no prolongan la seducción ni los juegos preliminares. Son directos y van al grano, persiguiendo con entusiasmo lo que les interesa. Su esfuerzo y destreza física son incomparables y tienen potencial para ser atletas impresionantes. Sólo deben evitar ser demasiado dominantes o insensibles, ya que tienden a actuar impulsivamente. Vehementes e impetuosos, pueden enfadarse y excitarse con rapidez; la misma rapidez con la que pueden cambiar de idea. Desarrollar humildad, contención y atención plena los ayuda a progresar y evitar conflictos y angustias innecesarios.

MARTE EN TAURO

Los nativos de Marte en Tauro son capaces de marcarse pautas, dirigiendo su energía estable a la creación de la belleza y de la seguridad material. Prácticos, determinados y obstinados, sería difícil desviarlos de alcanzar lo que desean en cualquier ámbito de la vida. Tienen un don para manifestarse, son capaces de materializar sus sueños, que a menudo giran en torno a placeres sensuales y lujo. Son seres sexuales, se orientan firmemente hacia las relaciones y a veces pueden ser excesivamente posesivos con sus amantes. Los atrae la belleza y la fuerza física, y a menudo ellos también están en buena forma. Su planteamiento al hacer el amor es sencillo y directo, se toman su tiempo para sentir cada momento con intensidad lenta. Sólo deben evitar ser demasiado tercos o tenaces en sus discusiones. Dado que reprimen en exceso sus emociones, corren el riesgo de explotar después con enfado y resentimiento.

MARTE EN GÉMINIS

Los nativos de Géminis en Marte centran sus esfuerzos en lo mental. Los enorgullece su ingenio y su habilidad para debatir y disfrutan bastante de pruebas intelectuales y de las discusiones. Sexualmente, conquistan con las palabras y la conversación, y les encanta coquetear. Al atraerlos una gran variedad de temas y tener intereses diversos, son cambiantes y a veces infieles. Al fin y al cabo, se estimulan con facilidad debido a su insaciable curiosidad. Pueden ser escritores, profesores y oradores convincentes y pueden liderar y mandar a los demás con sus poderosas mentes. A estos nativos los ayuda desarrollar rutinas de deporte para evitar quedarse atrapados en sus pensamientos. Pensar demasiado puede generarles ansiedad e impedirles avanzar. También los ayudaría profundizar en sus conexiones y sus compromisos, en lugar de ir de flor en flor con una inquietud incorregible.

MARTE EN CÁNCER

Los nativos de Marte en Cáncer lideran con su motivación profundamente sensible y emocional. Poseen una enorme capacidad de persuasión e influyen en los demás con facilidad, ajustando su energía en función de la que tengan delante. Al hacer el amor, pueden ser profundamente intuitivos, considerados y habilidosos. Sin embargo, necesitan que sus parejas sean receptivas, de lo contrario se encerrarán en sí mismos. Son sensibles a su entorno y pueden explotar con irritabilidad, liberando su enfado en oleadas de mal humor. Propensos a la dependencia, les cuesta dejar a sus amantes, incluso cuando la relación está claramente acabada. Prosperan cuando se implican en trabajos emocionales. Esto les proporciona salidas sanas para su sensibilidad y su abundante receptividad.

MARTE EN LEO

Los nativos de Marte en Leo son almas carismáticas y a veces dramáticas. Son sexualmente impulsivos y directos, amantes juguetones, leales y cariñosos, y necesitan mucha atención. A cambio, prodigan halagos y calor a sus parejas. Son bastante visionarios y pueden lograr grandes objetivos. A menudo los atraen proyectos creativos y disfrutan de tener vías para poder actuar y expresarse de forma artística. Aunque son muy divertidos, deben cuidarse de volverse demasiado volátiles, egocéntricos y dominantes. Sin embargo, son autosuficientes y líderes excelentes, siempre y cuando puedan mantener intacto su ego. Les interesan los artistas y les excitan las parejas populares que reciben mucha atención. Sus pasiones exageradas y teatrales a veces derivan en celos y reacciones exageradas.

MARTE EN VIRGO

Los nativos de Marte en Virgo son muy trabajadores y unos planificadores minuciosos que se dedican tanto a proyectos como a personas de forma íntegra, leal y prestando atención al detalle. Su energía es, sobre todo, práctica y útil. Son médicos, enfermeras y trabajadores sociales excelentes. Se orientan hacia los temas de la salud y siempre están dispuestos a servir a los demás. Son reservados con respecto a su sexualidad, pero una vez que intiman con su pareja son cariñosos y apasionados. Para que se abran a alguien tienen que haberse ganado su confianza. Los atraen las personas inteligentes, puras y centradas. Su pareja ideal es alguien cercano. Tenaces y concienzudos, son capaces de controlar su mente sensible para conseguir sus objetivos. Sólo necesitan tener cuidado de no quedarse atrapados en la infinita rueda del perfeccionismo. La actividad física los puede ayudar a liberar la tensión nerviosa y el afán de control. Meditar y desarrollar su imaginación puede facilitarles encontrar su equilibrio y orientarlos hacia una visión más amplia.

MARTE EN LIBRA

Los nativos de Marte en Libra pueden encontrarse con que el alto nivel de energía y furia de este planeta viril se vea inhibido por una preocupación por las normas sociales, por la justicia y una intensa necesidad de aprobación. La energía de este emplazamiento es principalmente artística e intelectual, y sus nativos deben esforzarse por expresar su energía física. Los atrae la belleza y normalmente eligen parejas refinadas y de atractivo tradicional. La vulgaridad les produce rechazo y los excitan los entornos lujosos y refinados. Se mueven con elegancia y tienden a verse impulsados por la estética. Aunque sienten un gran ímpetu por las relaciones, no tomarán la iniciativa y prefieren que los seduzcan. Cuando el planeta de la agresión cae en el signo de la diplomacia, los nativos se pueden volver dubitativos y perezosos. Considerarán con cuidado todos los aspectos de una cuestión antes de dar un paso, lo que puede hacerlos indecisos. Como son capaces de ver cualquier asunto desde todos los ángulos posibles, son excelentes abogados y mediadores. Sólo necesitan trabajar su capacidad de enfrentarse a la agresividad y a la confrontación, que los puede ayudar a salir de la autocomplacencia y del estancamiento.

MARTE EN ESCORPIO

Los nativos de Marte en Escorpio tienen un carácter fuerte, son autosuficientes y muy disciplinados, con abundante energía emocional, física e intelectual. Si deciden hacer algo, nada se lo impedirá. Los atrae el peligro, el misterio y la intensidad. Sienten un poderoso impulso hacia las personas y las situaciones de alta carga emotiva. Se enfrentarán a lo que ellos elijan hacer con una determinación obsesiva. De naturaleza profundamente sexual, son experimentales y a veces oscuros. Tienden a ser celosos y resentidos, y a presentar un comportamiento controlador. Su temperamento resulta explosivo cuando se sienten contrariados. Por su fuerte magnetismo, les favorece trabajar de cara al público. Su enorme imaginación y creatividad los puede convertir en artistas, músicos y actores virtuosos. Y como siempre están investigando y buceando bajo la superficie, pueden también ser terapeutas, científicos o sanadores talentosos.

MARTE EN SAGITARIO

Sagitario es el emplazamiento de Marte más enérgico y entusiasta, aunque sus nativos pueden ser poco prácticos. Los atrae la aventura y viajar. Pueden ser imprudentes e impulsivos, probando los límites del peligro por la emoción y por aprender. Lucharán por lo que creen, defendiendo sus convicciones filosóficas con valentía. Sin embargo, también son escandalosamente alegres, inspirando a los demás con su optimismo y efusividad. Disfrutan de la exploración sexual y les gusta experimentar conquistas amorosas, especialmente durante la juventud. Los atraen parejas de países y entornos ideológicos distintos, dado que encuentran estimulante ampliar sus horizontes a través de la diversidad y la novedad. Los atrae también la espiritualidad y les convendría asistir a prácticas de sabiduría corporal, como el yoga, el tai-chi o el qigong. Para poder quedarse en una relación necesitan mucha libertad, alegría, aventura y variedad sexual.

MARTE EN CAPRICORNIO

Los nativos de Marte en Capricornio son prudentes y constantes, y alcanzan sus objetivos, aunque a veces les falte energía emocional. Con una increíble templanza, son capaces de lograr mucho al perseguir con prudencia sus ambiciones profesionales y el reconocimiento. Sólo deben evitar volverse adictos al trabajo o ser excesivamente cautelosos. Asumir riesgos, buscar el placer y romper con las viejas costumbres puede ayudarlos a ampliar sus oportunidades en todos los aspectos de la vida. Aprender que se puede ser emocionalmente expresivo sin perder la dignidad ni la respetabilidad los podría ayudar a relajar su comportamiento en público, que puede ser demasiado encorsetado. Tienen fuertes impulsos sexuales y es sabido que mantienen su libido hasta la vejez, a menudo relajando su autocontrol con la edad. Normalmente son tradicionales en el sexo y lo abordan con compromiso e integridad. Los atraen parejas correctas, exitosas y maduras, y pueden ser amantes maravillosamente intensos, duraderos y estables. Al poseer un excelente sentido del ritmo, también pueden ser actores y músicos talentosos.

MARTE EN ACUARIO

A los nativos de Marte en Acuario los atrae el mundo de las ideas, y emplean su energía en proyectos progresistas e intelectuales. Fuerzan los límites y no temen defender su punto de vista de manera creativa, excéntrica y personal. Obstinados y nada tradicionales, rara vez cederán ante puntos de vista opuestos, especialmente si son poco originales. Les encanta cuanto se sale de la norma. Anhelan la novedad, les excitan las almas rebeldes y el inconformismo. En el sexo establecen sus propias normas y disfrutan de tener la libertad para forzar los límites de lo que se considera normal y aceptable. Cuando encuentran una pareja cuya mente y perspectiva respetan, se pueden volver compañeros mucho más estables, relajando su obstinación y su impaciencia.

MARTE EN PISCIS

Los nativos de Marte en Piscis dedican su energía principalmente a la fantasía y a la emoción, y a veces carecen de pragmatismo y de energía física. Este emplazamiento a menudo cae en las cartas de artistas, músicos poetas y otros tipos creativos, donde se manifiesta mejor este potencial. Son almas sensibles y necesitan mucho tiempo a solas para reflexionar y regenerarse. Buscan parejas dulces, espirituales y compasivas, y a menudo se enamoran a primera vista de artistas capaces de conquistar su corazón e imaginación. Se pueden fundir completamente con sus parejas, ya que para ellos el acto sexual es espiritual y envolvente. Son receptivos y extremadamente románticos. Estos nativos sólo necesitan asegurarse de marcar límites claros y de establecer con firmeza sus intenciones. Si no, se arriesgan a volverse resentidos y a aislarse, ya que se pierden en los demás.

6

LOS PLANETAS SOCIALES

Júpiter y Saturno

Júpiter y Saturno se conocen como los planetas sociales. Son menos personales que los planetas interiores y representan la forma en la que nos relacionamos con el mundo en general. Saturno rige el gobierno, las tradiciones y la sociedad, y representa la contracción y la limitación. Júpiter rige la religión, la filosofía y el humor, y representa la expansión y posibilidades infinitas.

Saturno, regente de la gravedad, nos obliga a arraigarnos a la tierra mientras impone contención, responsabilidad y duras lecciones. Nos enseña a madurar y a participar en la sociedad para que podamos ser responsables con los demás y con nosotros mismos. Júpiter, una energía opuesta a Saturno, inspira alegría, aventura, viajar y optimismo. Nos orienta hacia la filosofía y la espiritualidad a través de sistemas de creencias compartidas. Ambos planetas ofrecen la llave para acceder al conocimiento esotérico de los planetas exteriores, con Saturno como el máximo guardián. En primer lugar, debemos mirar al horizonte en busca de sabiduría (Júpiter), para después centrarnos y cuidar de nosotros mismos (Saturno) antes de profundizar en las lecciones de los planetas exteriores, que son más complejos.

Como Júpiter y Saturno se mueven con lentitud, sus emplazamientos en los signos nos revelan menos sobre nuestro carácter individual que nuestro Sol, nuestra Luna, nuestro ascendente y nuestros planetas interiores. Desde la posición de la Tierra, la órbita de Júpiter alrededor del Sol hace que permanezca en un signo durante un año, mientras que Saturno permanece dos años y medio. (En cambio, el Sol atraviesa un signo al mes, y la Luna, uno cada dos días y medio.)

JÚPITER

BUENA SUERTE, EXPANSIÓN Y ABUNDANCIA

Júpiter es el planeta más alegre. Representa el humor, la abundancia, la expansión y la buena fortuna. Nos indica en qué tenemos suerte, qué nos resulta sencillo y cuáles son las puertas que se nos abrirán con mayor facilidad. Los romanos honraron más al dios Júpiter que a cualquier otro. Era considerado el dios del cielo, que concedía prosperidad y simbolizaba la fe y la sabiduría. En astrología, el planeta Júpiter representa cualidades similares, mostrándonos nuestra orientación en cuestiones como la religión, la ideología, la prosperidad y los estudios superiores.

Al ser el mayor planeta del sistema solar, Júpiter no sólo nos habla de nuestra suerte y expansión, sino que también nos cuenta cómo nos relacionamos con algunos de los aspectos más importantes de la vida. Nuestro signo de Júpiter responde a preguntas como: ¿hasta qué punto somos tolerantes? ¿En qué creemos? ¿En qué somos irresponsables, extremistas o ciegamente optimistas?

Por ejemplo, las personas con Júpiter en Libra pueden lograr mucho éxito en proyectos artísticos, trabajando en equipo y en sus relaciones, enfatizando lo romántico y volviéndose incluso adictos al amor. Los nativos de Júpiter en Capricornio, en cambio, muestran una gran disciplina, una vida familiar estable y trabajan duro. Pueden ser políticos o funcionarios de éxito y sólo deben controlar su tendencia a tener una mentalidad cerrada. Los nativos de Júpiter en Acuario muestran una tolerancia y una originalidad enormes y a menudo se convierten en inventores, filántropos y cooperantes humanitarios. Son económicamente irresponsables y deben esforzarse conscientemente en conseguir la estabilidad, ya que ésta puede equilibrar sus talentos.

La siguiente sección describe a Júpiter en cada signo, incluida información sobre nuestra filosofía, cómo logramos expandirnos, cómo hallamos la suerte y el éxito, y en qué nos excedemos.

JÚPITER EN ARIES

Aquellos que tienen a Júpiter en Aries son líderes natos. Estudiantes y maestros entusiastas, a menudo son pioneros en ámbitos como la filosofía, la religión y los estudios superiores. Son seguros de sí mismos e independientes y se esfuerzan por mejorar. Estos nativos a menudo triunfan emprendiendo negocios, logrando éxitos siendo sus propios jefes. Suelen ser afortunados en su juventud y deben evitar volverse descuidados o impulsivos con el dinero y los negocios. Desarrollar la capacidad de ser prácticos y contenidos los ayudará a equilibrar sus dones.

JÚPITER EN TAURO

Las personas con Júpiter en Tauro a menudo tienen suerte con el dinero y los recursos, consiguiendo estabilidad y abundancia económica con facilidad. Tienen buen apetito, les gusta el lujo y priorizan en sus vidas el buen comer, los entornos bonitos y mantener el mejor estilo de vida que se puedan permitir. Con el don de saber mostrarse, estos nativos atraen sin esfuerzo lo que necesitan o desean. Como tienen una mentalidad conservadora, crean seguridad y protección en sus vidas, y ejercitan la paciencia y la determinación en sus proyectos de negocio. Sólo deben evitar volverse demasiado inflexibles en sus creencias.

JÚPITER EN GÉMINIS

Aquellos con Júpiter en Géminis poseen una mentalidad abierta y una curiosidad expansiva. A estos nativos les trae suerte tener muchas amistades, las conversaciones y viajar. Con intereses muy diversos, a veces les cuesta convertirse en expertos en un tema, saltando con agilidad de una idea a otra. Son conocidos por su habilidad comunicativa y su intelecto. Pueden ser prestigiosos profesores, escritores, oradores y políticos. Al ser personas alegres, divertidas e interesantes, son también almas inquietas. Si se centran, pueden transformar su amplio conocimiento en verdadera maestría y en una sabiduría más profunda.

JÚPITER EN CÁNCER

Los nativos con Júpiter en Cáncer tienen un código moral sólido, probablemente inculcado por sus padres a una edad temprana. Son generosos de espíritu y suelen ser amables, dulces y alegres. Son cuidadores innatos, dispuestos a apoyar a cualquiera que lo esté pasando mal. Generan alegría y abundancia emocional al crear estabilidad en su vida doméstica, nutriendo su mundo interior y cuidando de familiares y amigos. Prosperan cuando tienen un vínculo estrecho con sus madres o al menos cuando han trabajado en sanar las heridas de su relación parental. Como les preocupa mucho la seguridad, estos nativos normalmente son austeros, cosa que acaba aportándoles riqueza. Pueden tender al exceso con la comida y deben controlarlo para evitar los problemas de salud derivados de atracones por motivos emocionales.

JÚPITER EN LEO

Los nativos de Júpiter en Leo son muy expansivos, y demuestran abiertamente su confianza y su optimismo. Creen en el altruismo y en la generosidad, y comparten con alegría toda la riqueza que consiguen. Son líderes carismáticos que proyectan su gran fortaleza física y emocional. La dignidad les llega fácilmente a estas almas, que inspiran a los demás a vivir con alegría, a buscar el placer y a mostrar su talento. Desarrollar la humildad los ayudará a equilibrar sus cualidades, ya que a veces rozan el egoísmo. Pero cuando los mueve una intención pura, su expresivo corazón y su generosidad pueden aportar mucho al mundo mientras lideran a los demás desde el juego, el humor y la alegría. Es aconsejable que estos nativos eviten su tendencia a apostar.

JÚPITER EN VIRGO

Aquellos con Júpiter en Virgo atraen abundancia y buena fortuna cuando conectan con sus cualidades de pragmatismo, trabajo duro y atención al detalle. Se sienten más expansivos cuando sirven al bien común y se dedican al prójimo. A estas almas no les gusta el riesgo. En su lugar, el pragmatismo y una planificación detallada los ayudan a atraer lo que desean. Necesitan objetivos claros y resultados visibles y deben cuidarse de limitar su visión de lo que es posible. Renunciar a su cautela y abrirse a la magia los ayudará a ampliar su perspectiva, que a veces es cínica y demasiado científica. La espiritualidad y la meditación pueden equilibrar sus talentos y mitigar su exceso de preocupaciones.

JÚPITER EN LIBRA

Los nativos de Júpiter en Libra muestran creatividad, diplomacia y un gran encanto. Mediante relaciones, amistades estratégicas y el matrimonio, atraen la riqueza y la expansión. El trabajo en equipo y las asociaciones son fundamentales para su éxito y se benefician especialmente de conectar con personas con las que comparten principios. Al tener una comprensión firme de la justicia y de la imparcialidad, a menudo son conciliadores, mediadores y abogados eficaces. Su amplio potencial artístico los puede llevar a ser diseñadores, músicos y artistas visuales de éxito. Son por naturaleza sensibles al lado espiritual de la belleza y de la expresión creativa. Al ser muy persuasivos, estos nativos son personas influyentes, dando forma a la sociedad con ideologías atractivas y equilibradas. Sólo deben procurar no poner demasiado énfasis en sus relaciones. Desarrollar su independencia, su asertividad y su confianza los ayudará a equilibrar sus numerosas cualidades.

JÚPITER EN ESCORPIO

Las personas con Júpiter en Escorpio irradian un enorme poder personal, atrayendo a los demás con un aura de intriga y fascinación. Tienen la habilidad de influir profunda y emocionalmente en las personas ejerciendo como terapeutas, sanadores, músicos y políticos excelentes. Iluminan lo que está oculto, desvelando secretos, investigando y resolviendo misterios. Las relaciones sexuales les pueden traer suerte y expansión a estos nativos, que se benefician sobre todo de las personas del sexo opuesto. Son afortunados en los asuntos de dinero y herencias, y pueden hacerse bastante ricos si su Júpiter forma ángulos beneficiosos con otros planetas *(véase el capítulo 8)*. La determinación y la fuerza de voluntad son fuertes en este emplazamiento y sus nativos pueden aferrarse a ideologías inamovibles. Deben evitar imponer sus creencias u obsesionarse con el sexo y el poder. La buena fortuna les llega cuando dominan el arte del desapego.

JÚPITER EN SAGITARIO

Los nativos en Sagitario son personas optimistas de mente abierta. Éste es el emplazamiento más afortunado para Júpiter, porque aquí se encuentra su signo natural. Son generosos y desenfadados. Estos nativos pueden ser inspiradores y liderar a los demás en la aventura, el deporte y en proyectos intelectuales o espirituales. Su expansión llega cuando se introducen en la naturaleza, la filosofía, la religión y la meditación. Al ser de convicciones firmes pueden ser maestros, profesores y conferenciantes maravillosos, aunque deben tener cuidado de no volverse demasiado dogmáticos. Les es fácil atraer el dinero, pero también son muy derrochadores, incapaces de conservar su riqueza. Sería conveniente que desarrollasen pragmatismo y moderación. Sin embargo, el optimismo y el entusiasmo son sus dones y los ayudan a llevar vidas emocionantes, experimentando alegría y buen humor mientras van logrando objetivos de gran envergadura.

JÚPITER EN CAPRICORNIO

Aquellos con Júpiter en Capricornio pueden tener un éxito maravilloso. La buena fortuna les llega cuando centran su energía en ayudar a la sociedad, al empezar una familia y al respetar las tradiciones. Con un gran sentido ético y moral, estos nativos a menudo asumen grandes responsabilidades en la vida, ocupando cargos políticos o dirigiendo grandes compañías. Poseen potencial para volverse muy poderosos, ya que tienen un gran sentido del deber y una ambición enorme. Deben vigilar su tendencia a ser demasiado conservadores e inflexibles. Abrir su mente a la innovación mientras se orientan hacia el futuro los puede ayudar a equilibrar sus talentos.

JÚPITER EN ACUARIO

Los nativos de Júpiter en Acuario son personas maravillosamente tolerantes y comprensivas que aprecian la diversidad en los demás. Con perspectivas progresistas, estas almas ayudan a avanzar a la sociedad. La gran fortuna llega cuando están comprometidos con proyectos tecnológicos y humanitarios, y cuando están orientados a crear el futuro. Almas revolucionarias y rebeldes, pueden hacer grandes progresos en ámbitos inventivos y creativos, uniendo a la comunidad y creando conceptos originales. A veces carecen de recursos económicos porque no les importa mucho la riqueza material. Desarrollar su sentido de la responsabilidad y de la seguridad los puede ayudar a equilibrar sus grandes talentos.

JÚPITER EN PISCIS

Los nativos de Júpiter en Piscis son a menudo místicos y espiritistas con una enorme compasión por aquellos menos afortunados. Experimentan una gran expansión cuando se centran en las facetas artísticas o espirituales de la vida. Por su gran empatía, les puede ir bien en profesiones en las que trabajen directamente con personas o donde puedan conectar de forma productiva con su emotividad y su sensibilidad. Capaces de conectar con cualquiera, atraen el éxito a través de su inmensa amabilidad. Sin embargo, a menudo prefieren la soledad y trabajar en un segundo plano. El tiempo en soledad les puede traer buena fortuna, como también lo hace la meditación y centrarse en el lado más interno y espiritual de la vida. Sólo deben asegurarse de que se mantienen arraigados a la tierra, fomentando una sabiduría práctica y cuidando su cuerpo y su salud.

SATURNO

RESPONSABILIDAD, CONTROL Y AMBICIÓN

Saturno es el planeta de los obstáculos, la responsabilidad y la ambición. Nos obliga a madurar al confrontarnos con la adversidad. Debemos mirarnos con sinceridad en el espejo y ser conscientes de qué queremos aceptar y qué rechazar. ¿Dónde cometemos los mismos errores una y otra vez? ¿En qué aspectos nos resistimos a madurar y ser adultos? Con la conciencia despierta de Saturno, podemos llegar a ser más responsables con las otras personas, con nuestras trayectorias profesionales y con la sociedad.

Saturno demuestra que allí donde encontramos obstáculos es donde también encontraremos nuestros talentos. Al esforzarnos por superar nuestras debilidades, éstas se convierten en nuestras fortalezas. Sin Saturno podríamos ser simplemente almas complacientes buscando gratificación inmediata. Saturno nos conecta a la tierra y a los demás, animándonos a desarrollar nuestra confianza y nuestras competencias. Al regentar el tiempo y las limitaciones, Saturno nos dota de longevidad y durabilidad, ayudándonos a conseguir nuestros objetivos a largo plazo. El signo en el que se encuentra Saturno nos revela cuáles son nuestros retos, qué aspectos debemos trabajar y cómo conseguir la maestría.

Por ejemplo, mientras que los nativos de Saturno en Virgo son prácticos, muy inteligentes y trabajadores, pueden verse asfixiados por una atención excesiva al detalle. Autocríticos y serviciales, deben trabajar para ampliar sus perspectivas y darse cuenta de su propio valor y potencial. Aquellos con Saturno en Sagitario se toman la espiritualidad y las ideologías muy en serio y pueden convertirse en autoridades religiosas o profesores de filosofía. Su trabajo principal será esforzarse para alejar las creencias rígidas. Las personas con Saturno en Piscis pueden crear trayectorias profesionales en torno a su imaginación, pero puede que les cueste alcanzar el éxito material. Son almas compasivas que deben trabajar para evitar la abnegación y entender que lo que más ayudará a los demás es priorizar su expresión personal.

La siguiente sección describe a Saturno en cada signo, incluyendo nuestros obstáculos, disciplina, moralidad y cómo podemos conseguir el éxito a largo plazo.

SATURNO EN ARIES

La energía y la motivación de aquellos que tienen Saturno en Aries pueden verse reprimidas a una edad temprana. A menudo se les da mucha responsabilidad de jóvenes, lo cual merma su inocencia y su ambición. Deben trabajar mucho en desarrollar su confianza y su asertividad para poder expresarse más plenamente. De lo contrario, sus pasiones reprimidas pueden llevarlos a sentir una ira excesiva. Sin embargo, desde fuera se los ve como personas con un gran control de sí mismos, marcados por su autosuficiencia y contención. Aun así, estos nativos también pueden parecer débiles o gruñones al encontrarse con obstáculos en la vida. Más adelante, pueden llegar a ser muy poderosos si resuelven las dificultades que tienen con la iniciativa y el liderazgo. A veces incluso pueden empezar a asumir riesgos extremos para compensar su valentía y su fuerza mermadas. Experimentan muchas menos dificultades con la edad.

SATURNO EN TAURO

Los nativos de Saturno en Tauro le dan muchísima importancia a la seguridad económica y sentimental. Temen tanto carecer de recursos que pueden llegar a ser excesivamente prudentes. Desde una edad temprana pueden tener dificultades para establecerse en el amor y en lo económico. Después trabajarán duro para ahorrar al máximo y seguir comprometidos con sus parejas, incluso en relaciones tóxicas. Pacientes y disciplinados, acaban teniendo éxito, normalmente a una edad madura. Cuando ocurre, estos nativos son generosos y siguen mostrando una fuerte determinación. En este punto, pueden ayudar a personas necesitadas, ya que entienden qué implica verse obligados a luchar. También son capaces de tener carreras artísticas de éxito, aplicando su disciplina al dominio de su arte.

SATURNO EN GÉMINIS

Los nativos de Saturno en Géminis poseen fuertes habilidades mentales, con excelente racionalidad, adaptabilidad y lógica. Son matemáticos y científicos talentosos que pueden emplear sus disciplinadas mentes en resolver problemas de forma sistemática y en estudiar durante largos períodos de tiempo. Pueden tener dificultades con la comunicación o al hablar en público, así como con el aprendizaje de jóvenes. Sin embargo, lo que aprenden nunca lo olvidan, ya que saben combinar el ingenio y el intelecto de Géminis con la maestría y el pragmatismo de Saturno. Esto los ayuda a profundizar en sus estudios y retener lo aprendido. Parcos en palabras, pueden llegar a ser potentes oradores en la madurez. También pueden utilizar su inteligencia y su sentido común en los negocios, obteniendo a menudo un éxito enorme.

SATURNO EN CÁNCER

Los nativos de Saturno en Cáncer pueden estar emocionalmente reprimidos, ocultando sus sentimientos verdaderos para protegerse. La familia puede ser un motivo de conflicto para ellos, ya que sienten el deber familiar como un lastre, creyéndose incapaces de poder conectar genuinamente. Estos nativos deben esforzarse en desbloquear su expresión emocional o corren el riesgo de deprimirse y de no poder intimar con nadie. Cuando están en equilibrio pueden traducir su sensibilidad en destreza en los negocios y obtener mucho éxito, creando trayectorias profesionales conectadas con sus valores. Es fundamental para estos nativos relajar el caparazón y dominar su carácter emotivo. Tienen el potencial de convertirse, con esfuerzo, en expertos emocionales y dedicarse de todo corazón a su gente y a cuidar de los demás. Sólo deben comprometerse con llevar a cabo su trabajo interior, desbloqueando así las lecciones profundas que existen para ellos.

SATURNO EN LEO

Aquellos con Saturno en Leo presentan una gran necesidad de ser reconocidos. Desean estar al mando, lo que los hace volverse dictatoriales. Aunque el potencial para la amabilidad se ve algo inhibido por esta combinación, estos nativos tienen voluntad firme y un don para asumir grandes responsabilidades. En este emplazamiento puede ser difícil encontrar el placer y la creatividad. La alegría, el humor y la expresión artística yacen latentes bajo la superficie, mientras anhelan tener un público y una canalización para su talento creativo. Este reto puede causarles dolor y confusión. Como padres pueden ser estrictos y sentirse sobrepasados por la responsabilidad. Si se esfuerzan en establecer una confianza sana, su percepción de sí mismos mejorará, así como sus relaciones con los demás. Con el transcurso de los años son capaces de relajarse, de divertirse y conectar con la alegría y la exuberancia. Esto se da especialmente cuando comienzan a dominar su expresión creativa.

SATURNO EN VIRGO

Los nativos de Saturno en Virgo pueden ser muy perfeccionistas y atentos al detalle. Demasiado cautos, pueden tener dificultades para tomar perspectiva. Destacan en la investigación, la estrategia y la gestión de datos, y pueden lograr bastante éxito mediante una planificación minuciosa e inversiones prudentes. A veces, estos nativos sufren problemas de salud. Mientras trabajan para sanarse, podrían convertirse en grandes maestros de la medicina, la fitoterapia o la nutrición. Si son capaces de desprenderse del pesimismo, pueden trabajar duro al servicio de los demás, con un sentido ético importante. Pueden tener éxito en trabajos colaborativos y encontrarán maneras prácticas y útiles de distribuir la riqueza. Conscientes, entregados e inteligentes, estos trabajadores alcanzarán sus objetivos con facilidad y lo harán con humildad y de forma altruista. La clave de su éxito radica en frenar su excesiva autocrítica.

SATURNO EN LIBRA

Los nativos en Libra son imparciales, con un anhelo profundo de crear una sociedad justa y equilibrada. Son conocidos por sus habilidades artísticas y su magnetismo. Saben utilizar su encanto y su poder de persuasión y sacarles provecho. A menudo sufren contratiempos en las relaciones y en la pareja, y se pueden divorciar jóvenes o encontrar pareja estable solo en la madurez.

Esforzarse en el amor les aportará grandes recompensas a estos nativos que pueden, con paciencia y constancia, forjar relaciones sanas y equilibradas. Pueden sentir que socializar requiere un esfuerzo, pero este emplazamiento también denota habilidad para hacer amigos, que asimismo pueden ayudarlos a tener éxito profesional.

SATURNO EN ESCORPIO

Aquellos con Saturno en Escorpio tienen un gran poder personal, que proviene de su sutileza y de su profunda comprensión emocional. Pueden resultar bastante controladores y manipuladores si no trabajan con una intención pura. Ocultan su intensidad bajo una apariencia sociable y rara vez muestran sus emociones más complejas. Son calculadores y determinados, y pueden lograr lo que se propongan. En ocasiones son objeto de chismorreos o escándalos, y puede que sufran la muerte de un ser querido a una edad temprana. Sin embargo, estas dificultades los hacen más fuertes y sabios, y tienen la capacidad de llegar lejos en su autoconocimiento gracias a las adversidades. Si se dedican a reflexionar sobre ellos mismos con honestidad, podrán ver la realidad en primera persona y convertirse en maestros espirituales o sanadores poderosos.

SATURNO EN SAGITARIO

Los nativos de Saturno en Sagitario dan mucha importancia a la religión, la filosofía y los estudios superiores. Con frecuencia se hacen expertos en estos temas, estableciéndose profesionalmente como líderes religiosos, filósofos, escritores o profesores. Este emplazamiento a menudo exige que sus nativos dominen la paciencia y puede que el éxito se vea frustrado hasta la madurez. Al enfrentarse a la adversidad pueden desarrollar una gran sabiduría, que después transmiten a los demás. A veces existe tensión entre sus deseos de libertad y de estabilidad. Dedicarse a un trabajo disciplinado que requiere viajar, estudiar otras culturas y practicar atletismo puede ayudarlos a conciliar estos deseos opuestos. Pueden surgir obstáculos en torno a los estudios universitarios, pero, con perseverancia, estos nativos pueden ganarse varios grados superiores. Sólo deben tener precaución con el fundamentalismo, ya que sus sistemas de creencias pueden volverse demasiado rígidos.

SATURNO EN CAPRICORNIO

Los nativos de Saturno en Capricornio son ambiciosos, tradicionales y perseverantes. Al ser su signo natural, aquí Saturno enfatiza la importancia de la integridad en sus familias y en sus carreras profesionales. Son muy pragmáticos, lo que hace de ellos empresarios, líderes y políticos natos. Lentos y seguros, comienzan su camino a la cima del éxito con una determinación imperturbable. En su juventud, a menudo surgen obstáculos, pero éstos no hacen más que fortalecer la resiliencia de estos nativos. Con frecuencia acaban en puestos de autoridad en su madurez, habiéndose ganado el respeto de los demás al ir superando dificultades. Hay posibilidad de depresión y de melancolía, así como de un gran sentido del humor. Saturno regenta el tiempo, y estos nativos tienen un gran sentido del ritmo, haciendo de ellos actores y músicos talentosos. Sólo deben tener cuidado con el conservadurismo represor. Les conviene abrir su mente a la innovación y a la inclusión.

SATURNO EN ACUARIO

Los nativos de Saturno en Acuario tienen grandes ideas sobre cómo crear una sociedad iluminada. Al combinar el pragmatismo y la sistematización de Saturno con la innovación y la originalidad de Acuario, se les pueden ocurrir conceptos innovadores pero prácticos para solucionar los problemas sociales. Son almas originales, obstinadas e inteligentes. Pueden ser iconoclastas que se aíslan sin darse cuenta a medida que luchan por encajar. Sin embargo, pueden gozar de popularidad en la esfera pública, llegando a ser conocidos como políticos o artistas, atrapando a la gente desprevenida con su genialidad creativa y su ideología progresista pero firme. Democráticos y científicos, su lógica fría los puede llevar muy lejos si se aseguran de que trabajan con el corazón, evitando la trampa del conservadurismo o el pesimismo.

SATURNO EN PISCIS

Los nativos de Saturno en Piscis pueden tomarse muy en serio las actividades espirituales. Tienen una imaginación poderosa y una profunda compasión. Sin embargo, alcanzar el éxito material puede constituir un desafío. Dedicarse a ser habilidosos mediadores, maestros espirituales, cineastas o artistas aprovecharía bien su potencial. Sólo deben evitar el sacrificio personal: deben entender que resultarán de mayor ayuda para los demás si fomentan sus inmensos talentos personales. Son almas sensibles que pueden experimentar pérdidas importantes en su vida. Sus duras lecciones culminan cuando se rinden y se centran en fusionar su espiritualidad con la sociedad, de manera pragmática, uniendo con habilidad cielo y tierra. La meditación, tiempo a solas y en la naturaleza y el estudio de los sueños y del inconsciente los ayudan a liberar sus talentos innatos.

7

LOS PLANETAS EXTERIORES

Urano, Neptuno y Plutón

Justo después de los planetas sociales, llegamos a los planetas exteriores, también llamados transpersonales o espirituales: Urano, Neptuno y Plutón. Estos planetas están tan lejos de la Tierra que son invisibles para el ojo humano. Representan las facetas más esotéricas de nuestro ser, las cualidades intangibles de la vida que nos sacan de nuestra zona de confort y nos llevan a lo sublime. Urano regenta la intuición y el futuro; Neptuno, la sanación y la espiritualidad, y Plutón es poder y transformación. Dicho de otra forma, Urano es el ocultista, Neptuno, el místico, y Plutón, el chamán. Todos son mágicos de distintas maneras, aportándonos profundidad y dimensión.

Como están tan lejos de la Tierra, los planetas exteriores se mueven considerablemente más despacio que los otros. Urano tarda ochenta y cuatro años en recorrer todo el zodíaco, Neptuno, ciento sesenta y cuatro, y Plutón, doscientos cuarenta y ocho. Esto significa que los signos de los planetas exteriores describen generaciones enteras más que rasgos individuales. Nos afectan personalmente, pero esto se ve determinado por la casa en la que se encuentran y los aspectos que forman con nuestros planetas personales o los puntos significativos de nuestra carta (lo veremos en los capítulos 8 y 9).

Mientras tanto, podemos empezar a identificarnos con estas energías importantes aprendiendo el significado de los planetas exteriores en cada signo. Podemos comprobar qué resonancia sentimos que tienen con las energías de nuestros propios emplazamientos, y cómo pueden aplicar en el ámbito más amplio de nuestra generación y de nuestros contemporáneos.

URANO

INTUICIÓN, REBELDÍA Y REVOLUCIÓN

Urano es el planeta de la intuición, de la energía eléctrica y la revolución. Cuando conecta con Urano, nuestra intuición es como un relámpago que abre nuestra mente a portales cósmicos. La innovación, la genialidad creativa y los destellos de visión son señales de que Urano está actuando. Es el gran despertador, que nos saca de la complacencia de una forma abrupta, a veces a través de cambios repentinos y del caos. Se lo considera una octava superior de Mercurio, que gobierna la mente intelectual. Como tal, Urano toma nuestras percepciones ordinarias y les añade dimensiones cristalinas. Si Mercurio es ciencia, Urano es física teórica.

Urano pone a prueba los límites y se rebela sin dudar. Nos impulsa hacia delante al romper con el orden establecido, incitándonos a la revolución. Las reglas y las tradiciones no significan nada para este planeta rebelde que exige autenticidad total. Profundamente humanitario, Urano representa el potencial de crear una sociedad iluminada y de sostener los valores de la aceptación y de una mentalidad abierta. Al regentar también la tecnología y el futuro, Urano nos guía hasta invenciones que amplían el potencial humano, aquellas que encuentran soluciones a los problemas mundiales.

Como Saturno es el guardián de los reinos superiores, sólo podremos acceder al poder de Urano en función de cuánto hayamos avanzado con las lecciones de Saturno. Si hemos logrado dominar la disciplina y el pragmatismo y nos hemos enfrentado a nosotros mismos con honestidad, podremos atravesar las puertas de Urano y llegar más allá. Podemos empezar a experimentar y forzar los límites de los paradigmas existentes. Como el violinista, el pintor o el poeta que han logrado aprender las reglas de su arte y entonces pueden romperlas para crear libremente.

La siguiente sección describe a Urano en cada signo, incluyendo cómo nos rebelamos, cómo contribuimos a cambiar al mundo y cómo revolucionamos el orden establecido. También describe algunos de los efectos históricos de Urano a medida que ha ido pasando por cada signo. Urano tarda ochenta y cuatro años en orbitar el Sol y, aproximadamente, siete años en recorrer cada uno de los signos. Por ello, Urano nos afecta más bien a nivel generacional. Todos los nacidos en un mismo período de siete años tendrán a Urano en el mismo signo.

URANO EN ARIES

(1928-1935, 2010-2019)

Las generaciones con Urano en Aries lideran los cambios en la sociedad. Obstinados e individualistas, son rebeldes que preparan el camino hacia nuevos territorios, haciendo una cruzada por la libertad y la independencia. También son pioneros en la ciencia y en la tecnología. Este emplazamiento aparece en las cartas natales de inventores legendarios como Alexander Graham Bell y Thomas Edison. Aries regenta la guerra y estas generaciones innovan en los ejércitos. Históricamente se han visto afectados por los conflictos de sus épocas, y la última generación se crió durante la segunda guerra mundial. Urano en Aries también suscita cambios bruscos en la sociedad. El tránsito anterior marcó el final de los felices años veinte, el crac del 29 y la Gran Depresión. El tránsito más reciente dio lugar al ISIS, así como grandes conmociones y cambios políticos. Inesperadamente, en el Reino Unido se votó a favor del Brexit, y Donald Trump ganó las elecciones presidenciales de Estados Unidos provocando controversia y una gran revuelta social.

URANO EN TAURO

(1935-1942, 2019-2025)

Las generaciones con Urano en Tauro pueden tener relaciones inestables con la seguridad y la riqueza, ya que a menudo la infancia de estas generaciones se da tras crisis económicas. De hecho, la última generación se crió durante la Gran Depresión. Estas generaciones pueden intentar liberarse de recursos materiales y obligaciones económicas, o bien encontrar maneras creativas de establecer una seguridad económica para ellos. Inventivos en lo económico, tienen la posibilidad de diseñar sistemas revolucionarios referentes al dinero y a los recursos. Tauro regenta la cocina y el cultivo de la tierra, y estos nativos históricamente han generado ideas originales sobre la alimentación y la agricultura. El próximo tránsito podría traer revoluciones financieras y agrarias, y los niños con este emplazamiento pueden acabar liderando cambios en los sistemas de cultivo y resolviendo la crisis medioambiental.

URANO EN GÉMINIS

(1942-1949, 2025-2033)

Las generaciones con Urano en Géminis revolucionan nuestra forma de pensar y de comunicarnos como sociedad. Crean innovaciones tecnológicas que ayudan a conectar a las personas y también avances en prácticas intelectuales, como la psicología, la sociología y la metafísica. Son inventores y profesores inspirados que definen nuevas y eficientes formas de educar. Valoran el pensamiento libre y se rebelan contra las ideologías restrictivas. De hecho, la última generación Géminis-Urano fue fundamental para el movimiento hippy y para la revolución cultural de los sesenta. Durante el tránsito anterior de Urano por Géminis se escribió y firmó la Declaración de Independencia de Estados Unidos, se eligió presidente a Abraham Lincoln y empezó la guerra civil que acabó con la esclavitud en ese país.

URANO EN CÁNCER

(1949-1956, 2033-2039)

Las generaciones con Urano en Cáncer tienen ideas novedosas sobre la vida doméstica y familiar, rompiendo con las tradiciones establecidas. Pueden tener familias inestables o rebelarse contra sus padres, eligiendo caminos muy distintos a como se los educó. A veces, estos nativos rompen del todo con sus familias o emigran, deseando liberarse completamente de las tradiciones y ataduras parentales. Muchas personas de la última generación Cáncer-Urano se volvieron hippies rebeldes. Cáncer regenta el hogar, mientras que Urano gobierna la electrónica, y la última generación creció en un hogar donde la televisión empezaba a estar muy presente.

URANO EN LEO

(1956-1961, 2039-2046)

Aquellos con Urano en Leo son originales, creativos y expresivos. Pueden influir enormemente en la sociedad, en concreto revolucionando las artes y el mundo del espectáculo. Su creatividad no tiene límites. Tienen abundante energía e ingenio, que aplican fácilmente en hacer que sus ideas se hagan realidad. Valoran la libertad en el amor y en el sexo, les cuesta comprometerse con la familia y pueden sentir el impulso de separarse, dejar a sus hijos o reproducirse fuera del modelo familiar tradicional. La última generación creció durante la revolución cultural de los sesenta, cuando la vida familiar se vio alterada de muchas maneras. Madonna, Bill Gates y Carl Jung nacieron todos con Urano en Leo. Revolucionaron sus respectivos campos profesionales, se hicieron extremadamente famosos (Leo) por ser creativos y originales y por contribuir enormemente a cambiar tendencias colectivas (Urano).

URANO EN VIRGO

(1961-1968, 2046-2053)

Las generaciones nacidas en los años de Urano en Virgo descubren maneras revolucionarias de relacionarse con la sanación, la salud y la medicina. Con frecuencia encuentran curas a las enfermedades e introducen nuevas dietas, métodos de ejercicio y remedios alternativos. Urano regenta la electricidad, mientras que Virgo rige el pragmatismo. Cuando Urano pasó a Virgo, Thomas Edison inventó la luz eléctrica funcional, de modo que la generación Virgo-Urano fue la primera en crecer en un mundo con luz eléctrica. Urano en Virgo produce investigadores excelentes que destacan en las ciencias al combinar la percepción de Urano con la afinada inteligencia de Virgo. Albert Einstein, físico legendario, nació en un año en el que Urano pasaba a Virgo. A veces, estos nativos deben esforzarse para evitar reprimir su autenticidad, honrando a las partes de su ser que anhelan la libertad.

URANO EN LIBRA

(1968-1975, 2053-2059)

Las generaciones con Urano en Libra se rebelan contra las tradiciones que rodean al matrimonio y las relaciones. A veces, a estos nativos les cuesta estabilizarse, y tienden a divorciarse y a contraer varios matrimonios. También tienen gustos estéticos poco habituales, ayudando así a romper moldes creativos y a revolucionar las artes y la cultura. Como Libra regenta la ley y la igualdad, los nativos de Libra-Urano a menudo emprenden una cruzada para luchar por el cambio de políticas y establecer una sociedad más tolerante. Los nativos de Libra-Urano suelen crecer en tiempos en los que peligra la paz y se producen grandes cambios culturales. El último tránsito fue un período de extraordinaria creatividad en los ámbitos del arte y de la música, pertenecientes a Libra. El legendario festival de música de Woodstock tuvo lugar en esta época y la música de entonces mantiene una influencia significativa hoy en día. Tanto Martin Luther King Jr. como Robert F. Kennedy fueron asesinados durante este tránsito, provocando grandes protestas y luchas por la igualdad. Las grandes marchas contra la guerra de Vietnam también ocurrieron en ese tránsito. En este caso vemos como las personas se unieron (Urano) para luchar por la paz (Libra).

URANO EN ESCORPIO

(1975-1981, 2059-2066)

Las generaciones con Urano en Escorpio alteran la forma en la que la sociedad se relaciona con la espiritualidad, la psicología y lo esotérico. Muchos líderes que transforman el mundo tienen este emplazamiento. Se convierten en activistas, agentes de cambio y sanadores. Al ser personas que sienten intensamente, poseen una gran capacidad para tratar el sufrimiento humano y pueden allanar el camino hacia un renacimiento colectivo. La generación actual de Escorpio-Urano trabaja para transformar nuestra cultura, guiándonos a través del paradigma actual mientras prepara el camino del siguiente.

URANO EN SAGITARIO

(1981-1988, 2066-2072)

Las generaciones con Urano en Sagitario introducen nuevas filosofías y revolucionan la religión. Rompen con la fe ciega y el fundamentalismo estableciendo enfoques más auténticos de la espiritualidad. Son viajeros y exploradores, con ganas de conocer lugares, personas y culturas nuevas. La generación actual tiene el potencial de unir a la humanidad unificando los sistemas de creencias y las verdades fundamentales. Muestran mayor interés en la espiritualidad y a su vez se rebelan contra las religiones institucionalizadas.

URANO EN CAPRICORNIO

(1988-1996, 2072-2079)

Las generaciones con Urano en Capricornio derrocan las tradiciones anticuadas y los gobiernos, empresas y líderes opresivos, y los sustituyen por modelos innovadores y tecnológicamente sofisticados. Se rebelan contra la autoridad, crean nuevas costumbres y sistemas que revolucionan la sociedad. Al crear sus propias reglas respecto al compromiso, pueden transformar nuestra visión del matrimonio. Todavía estamos presenciando cómo asume la generación actual esta influencia, pero es probable que redefinan el tejido de nuestra sociedad, liderando reformas en los sistemas de gobierno, en la economía y en la ética; todo ello fundamentado en la autenticidad y la integridad.

URANO EN ACUARIO

(1912-1920, 1996-2003)

Urano regenta Acuario y las generaciones con Urano en Acuario están formadas por almas revolucionarias que dan grandes pasos para el avance de la humanidad. Reformadores y rebeldes, crean inventos ingeniosos y tienen ideas revolucionarias en cuestiones de tecnología, ciencia o viajes espaciales. A veces sufren dificultades a la hora de intimar, y prefieren demostrar su amor a una comunidad, a grupos de amigos y al mundo en general. Durante estos tránsitos, los nativos han crecido, por ejemplo, en medio de varias revoluciones en México, China y Rusia, y también han vivido la caída de monarquías poderosas durante la primera guerra mundial. Revolucionarios legendarios como Rosa Parks, John F. Kennedy, Nelson Mandela y Juana de Arco tenían Urano en Acuario.

URANO EN PISCIS

(1920-1928, 2003-2010)

Las generaciones con Urano en Piscis son almas místicas y revolucionarias en los ámbitos de la espiritualidad, el cine, la música y la religión. Poco prácticos, se pueden perder en los sueños y en el idealismo. Sin embargo, plantan semillas espirituales importantes que, además de innovar, unen. La generación actual podrá compartir con los demás su visión iluminada de la humanidad y unirnos en un entendimiento más profundo del amor incondicional y la unidad. Líderes espirituales como Jesucristo y el papa Juan Pablo II tenían a Urano en Piscis, así como el profeta Nostradamus, el compositor Wolfgang Amadeus Mozart, la leyenda del cine Marlon Brando y la prestigiosa fotógrafa Diane Arbus.

NEPTUNO

ESPIRITUALIDAD, COMPASIÓN E IMAGINACIÓN

Neptuno es el planeta de la espiritualidad y de la sanación. Nos ayuda a conectar con los aspectos invisibles de la vida. Es místico, sensible y compasivo. Disuelve todas las barreras, revelando nuestra naturaleza infinita. Al regentar los sueños y las ilusiones, Neptuno nos ayuda a canalizar la creatividad. Está asociado con las artes visuales y sutiles, incluyendo la música, la poesía, la danza, la pintura, la fotografía y el cine. Aunque es sumamente apacible, Neptuno no es débil en absoluto. Su fuerza radica en el poder de nuestra imaginación y nuestra vulnerabilidad. Neptuno es la octava superior de Venus, el planeta del amor. Mientras que Venus regenta el romance, Neptuno es el amor universal.

Las personas a las que Neptuno forma aspectos armoniosos con respecto a sus planetas personales *(véase el capítulo 8)* suelen tener una gran empatía. Pueden sanar a los demás y conectar con dimensiones superiores. También es probable que posean grandes talentos artísticos, psíquicos y espirituales. Con planetas personales que formen aspectos discordantes con Neptuno, esta misma energía puede convertirse en adicción y en confusión. Las partes neptunianas de nuestra alma anhelan tocar el espíritu, o una esencia que esté más allá del sufrimiento, lo cual puede llevarnos a tomar un camino espiritual o bien alguna forma de evasión poco sana.

Igual que Urano y Plutón, Neptuno requiere de las lecciones de Saturno para desbloquear sus dones. Antes de fundirnos en el espacio infinito debemos desarrollar nuestra disciplina saturnina, arraigándonos a la tierra y comprometiéndonos plenamente con ser humanos. Los límites son necesarios para proteger esta energía sensible y que no caiga en el malentendido y el desconcierto. Idealista e inocente, Neptuno ve la belleza en todos los seres. Sin pragmatismo, esta perspectiva puede conducir a la ingenuidad, la falta de sentido práctico y el engaño.

Como Neptuno se mueve lentamente y tarda entre trece y catorce años en pasar por un signo, nos afecta colectivamente y por generaciones. Los tránsitos de Neptuno son especialmente reveladores de los cambios en la cultura y el arte. La siguiente sección describe Neptuno en cada signo, incluyendo nuestra imaginación, nuestra espiritualidad y dónde somos capaces de disolver barreras. También incluye los movimientos artísticos que ha inspirado, los cuales ayudan a definir las generaciones de cada signo.

NEPTUNO EN ARIES

(1862-1875, 2025-2039)

Las personas con Neptuno en Aries tienen una brillante imaginación y sienten la necesidad urgente de crear y ayudar a los más necesitados. Estas generaciones sienten la obligación de defender la unidad y la compasión. Durante el último período Aries-Neptuno se libró la guerra civil de Estados Unidos para acabar con la esclavitud y unir al país. El próximo tránsito empieza en 2025, que podría iniciar un período de comprensión profunda. Puede que entonces luchemos por la unión y por ideales compasivos. Aries también regenta el combate, y Neptuno, la fotografía. Durante el último tránsito, la fotografía de guerra se volvió parte de nuestro lenguaje cultural. Mathew Brady hizo sus famosas fotos de la guerra civil de Estados Unidos, mostrando la dura realidad de la guerra por primera vez. En ese tránsito se creó también el Ejército de Salvación, una organización benéfica fundamentada en ideales espirituales. Aries es directo, y el realismo dominó las artes durante ese período. Artistas como Édouard Manet y autores como León Tolstói se rebelaron contra la exagerada emotividad del romanticismo que los precedía y, en su lugar, crearon obras más fieles a la realidad.

NEPTUNO EN TAURO

(1875-1888, 2039-2052)

Las generaciones con Neptuno en Tauro tienen valores espirituales e idealistas. Tauro regenta la tierra y nuestros recursos, mientras que Neptuno disuelve y trasciende. En consecuencia, estas generaciones son capaces de sobreponerse a las limitaciones materiales. En el siglo XIX, los nativos de Tauro-Neptuno crecieron durante la Gran Depresión de 1873, una crisis económica mundial. En el arte, la pintura impresionista alcanzó su apogeo. Neptuno difumina los límites de la realidad de Tauro y, durante este tiempo, artistas como Claude Monet y Pierre-Auguste Renoir experimentaron con composiciones abiertas y borrosas. Representaban las cualidades indeterminadas de la percepción, alejándose del realismo directo. Los artistas y escritores del Simbolismo hicieron lo mismo, empleando la sinestesia, buscando confundir los colores y los sentidos en sus obras creativas. El próximo tránsito comienza en el 2039, donde puede que nos encontremos unidos (Neptuno) intentando sanar la Tierra (Tauro). La generación futura puede ser esencial para que esto ocurra.

NEPTUNO EN GÉMINIS

(1888-1902, 2052-2065)

Las generaciones con Neptuno en Géminis poseen profundidad intelectual y una gran imaginación. Trabajan para disolver las barreras de la educación y de la literatura. Durante el último tránsito de Neptuno en Géminis, los ingleses se centraron en que todo el mundo pudiera acceder a la cultura, al margen de su clase social. Oscar Wilde y George Bernard Shaw destacaron en esta época al escribir obras de teatro que atrajeron masivamente a la gente. También se escribieron libros muy populares como las aventuras de Sherlock Holmes, *El libro de la selva* y *Drácula*. Géminis regenta la comunicación y Neptuno el cine y la unidad, y esta era vio nacer el proyector de cine. También hubo otros grandes avances en la tecnología de la comunicación. De pronto, personas muy lejanas geográficamente podían mantenerse en contacto con mayor rapidez.

NEPTUNO EN CÁNCER

(1902-1915, 2065-2078)

Las generaciones de Neptuno en Cáncer idealizan su hogar, su vida interior y las tradiciones culturales. Sigmund Freud y Carl Jung estaban en la cumbre de sus carreras durante este período, utilizando su imaginación en temas cancerianos como los sentimientos y el inconsciente profundo. Con Neptuno en el emotivo Cáncer, triunfó el arte temperamental y emocional. Pablo Picasso comenzó su melancólica etapa azul y Gustav Mahler compuso sinfonías sutiles y de gran carga emocional. Cáncer también regenta la familia y este período marcó una época dorada para la literatura infantil. Beatrix Potter publicó su famoso *The Tale of Peter Rabbit* (publicado en castellano como *El cuento de Perico, el conejo travieso*) el mismo año que empezó este tránsito.

NEPTUNO EN LEO

(1915-1928, 2078-2092)

Las generaciones de Neptuno en Leo ven nacer líderes carismáticos con aspiraciones e ideales fuertes. John F. y Robert Kennedy, el Che Guevara y Nelson Mandela nacieron en este emplazamiento. Tanto Neptuno como Leo son influencias creativas, populares y expresivas. La última vez que unieron sus fuerzas marcaron una emocionante época cultural en la que artistas genuinos se hicieron celebridades. Marcel Duchamp, Frida Kahlo, F. Scott Fitzgerald, Ernest Hemingway y Georgia O'Keefe fueron artistas leoninos que se dieron a conocer durante este período, y Andy Warhol también nació entonces. Fue una época trascendental para el cine, que empezó a dominar la industria del espectáculo. Artistas aclamados e influyentes como Charles Chaplin, Buster Keaton y Greta Garbo se convirtieron en nombres muy conocidos. Juntos, Neptuno y Leo saben cómo animar una fiesta, y durante este tránsito tuvieron lugar los llamados felices años veinte.

NEPTUNO EN VIRGO

(1928-1942, 2092-2105)

Las generaciones de Neptuno en Virgo canalizan su compasión a través del servicio a la humanidad. Les interesa especialmente sanar física y espiritualmente. La última generación Virgo-Neptuno lideraba el movimiento de los derechos civiles, ayudando a rectificar un cisma perjudicial para la humanidad. Durante este tránsito se extendió el uso de la penicilina, se fundó el Instituto Nacional del Cáncer en Estados Unidos y también la Ciencia Cristiana, una secta basada en la sanación espiritual que se convirtió en la religión que creció de forma más rápida en Estados Unidos. A medida que el planeta de los sueños pasaba por el analítico Virgo, también vimos el auge del surrealismo en el arte. Pintores como Salvador Dalí y René Magritte analizaron los sueños a través de su trabajo creativo. Con Neptuno en el signo de las palabras y del lenguaje, las letras de las canciones comenzaron a dirigir la música. Billie Holiday, Fred Astaire y Bing Crosby contaban historias a través de sus canciones, que fueron muy populares. Neptuno disuelve la claridad y la lógica de Virgo y esta combinación puede causar confusión generalizada. Dos eventos tumultuosos culminaron este potencial en el último tránsito, la crisis del 29 y la segunda guerra mundial.

NEPTUNO EN LIBRA

(1942-1956)

Las generaciones de Neptuno en Libra tienen grandes ideales acerca del amor y la paz. A su vez, Neptuno puede diluir y minar la paz de Libra. La segunda guerra mundial y la guerra de Corea ocurrían durante este tránsito. También se inventó la bomba atómica y empezó la guerra fría. En el mundo del arte, los pintores y los escritores expresaban su deseo de armonía. Mondrian creó cuadros que representaban la pureza abstracta y Antoine de Saint-Exupéry escribió *El Principito*, el famoso e influyente cuento de un niño que busca la paz interior y que intenta entender el amor. Durante este período también se formaron las Naciones Unidas, sincronizando los poderes del mundo. Las tasas de divorcio se dispararon durante esta generación, que se enfrentó, y todavía se enfrenta, a la desilusión en su búsqueda del amor perfecto.

NEPTUNO EN ESCORPIO

(1956-1970)

A las generaciones de Neptuno en Escorpio les interesa el misticismo, la transformación psicológica y eliminar tabúes. Escorpio investiga y destruye, y estas generaciones luchan por gobiernos más transparentes, trabajando para desmantelar el poder abusivo que daña el medio ambiente y la humanidad. Durante el último tránsito de Neptuno en Escorpio tuvo lugar la revolución cultural, un período fascinante de crecimiento, de exploración y de transformación en las artes y cultura. La gente empezó a experimentar sexualmente y a explorar el subconsciente con drogas para alterar la mente. Éste fue un período de avances decisivos en todas las artes, con músicos, coreógrafos, escritores y cineastas redefiniendo sus géneros. Fiel al estilo de Escorpio, se sentaron las bases del deconstructivismo, mientras que el pop art, el minimalismo y el arte abstracto rompieron con la definición anterior de arte contemporáneo. Las influyentes películas de Stan Brakhage y otras, como *El graduado*, exploraban los tabúes culturales. La novela satírica y oscura de Kurt Vonnegut *Matadero Cinco*, que trataba temas tan representativos de Escorpio como la muerte, la guerra y los traumas, se convertía en bestseller. El arte y la música psicodélicos empezaron a dominar la cultura popular y músicos como Jimi Hendrix, los Beatles y Grateful Dead se convirtieron en iconos. La fascinación por lo oculto, los ovnis y lo sobrenatural también se popularizó. Escorpio regenta la muerte, y durante este tránsito se crearon las residencias de cuidados paliativos, en la misma época en la que Elisabeth Kübler-Ross publicaba su famoso libro *Sobre la muerte y los moribundos*.

NEPTUNO EN SAGITARIO

(1970-1984)

Las personas con Neptuno en Sagitario son idealistas de mentalidad abierta. Sus generaciones incluyen poderosos maestros espirituales, filósofos, sanadores intuitivos y buscadores de la verdad. Pueden desmontar el fundamentalismo y mostrar una comprensión profunda y apertura a culturas distintas a la propia. La generación actual se ha interesado especialmente por las religiones orientales y las prácticas antiguas de sabiduría como el budismo, el taoísmo, el yoga o el qijong. Cuando empezó el último tránsito, en 1970, el maestro Chögyam Trungpa Rinpoche llevó el budismo tibetano a Estados Unidos, captando la atención de héroes culturales como Allen Ginsberg, Anne Waldman y Joni Mitchell. Neptuno regenta el engaño, mientras que Sagitario regenta el dogma, y los cultos también se generalizaron en la sociedad durante este tránsito. Sagitario representa las creencias firmes, y a través de la música y sobre el escenario la gente expresaba de forma muy clara sus ideologías. El punk y el movimiento rastafari se popularizaron, y la canción de Marvin Gaye *What's Going On*, acerca de la brutalidad policial, se convirtió en una de las más célebres de la época.

NEPTUNO EN CAPRICORNIO

(1984-1998)

Las generaciones de Neptuno en Capricornio ayudan a derribar muros y barreras innecesarias. Durante este tránsito se desplomó la Unión Soviética, cayó el muro de Berlín y se reunificó Alemania. La generación actual de Capricornio-Neptuno puede ser esencial para acabar con el patriarcado. Desdibujan las tradiciones y encuentran maneras prácticas de aplicar una visión espiritual para mejorar el medio ambiente y para la creación de sociedades, gobiernos y negocios más compasivos. Capricornio regenta la construcción y, durante el último tránsito, las instalaciones artísticas se generalizaron en el arte. Son grandes obras tridimensionales que se construyen en lugares específicos. De hecho, cuando Neptuno pasó inicialmente a Capricornio, el artista Donald Judd abrió en Marfa, Texas, la Fundación Chinati, que se convirtió en un refugio para muchos artistas que construían piezas a gran escala. En la música, el rock duro de bandas como Metallica y Slayer ganó popularidad, correlacionado con la intensidad constante de Capricornio. Más adelante, en el mismo tránsito, el grunge dominaría la cultura popular, reflejando la disolución de las tradiciones y las normas sociales de Capricornio.

NEPTUNO EN ACUARIO

(1998-2012)

Las generaciones de Neptuno en Acuario propagan su visión humanitaria para poder ayudar al prójimo. Les interesa establecer comunidades espirituales, compasivas e inclusivas, así como introducir tecnología que una a las personas. De hecho, internet comenzó a ser parte integral de la cultura popular durante este tránsito. Acuario rige la electricidad y la comunidad, y se disparó la popularidad de la música electrónica y del arte interactivo. La cultura de festival se extendió, la gente se unía en comunidad para escuchar música y compartir ideologías. En particular, el festival Burning Man saltó a la fama. Consiste en un encuentro anual donde las personas construyen comunidades improvisadas que crean y comparten arte interactivo y música electrónica. Reflejando la naturaleza de Acuario, estos encuentros inicialmente buscaban representar los valores de la igualdad, la protección del medio ambiente y el crecimiento espiritual. Como Neptuno regenta el engaño y Acuario la comunidad, los riesgos para esta era y esta generación son el consumo colectivo de drogas y la evasión espiritual.

NEPTUNO EN PISCIS

(2012-2026)

Las generaciones de Neptuno en Piscis son profundamente espirituales. Luchan por eliminar las barreras entre las personas, integrándolas de forma compasiva. Al tener habilidades psíquicas y una comprensión innata de la unidad y la interconexión, podrían elevar nuestra sociedad para que cumpla con ideales más exaltados. Durante el tránsito actual, el yoga, las tradiciones de sabiduría antigua y el mindfulness forman parte de nuestra cultura cotidiana. Artistas espirituales como Hilma af Klint y Emma

Kunz han alcanzado fama póstuma y se reconoce que su trabajo fue adelantado a su tiempo. La música y los músicos espirituales, como Kirtan y Krishna Das, también se han hecho muy populares. Como Piscis regenta las ilusiones y Neptuno es tanto el que propaga como el que disuelve, hemos vivido confusión, decepción y desilusión generalizadas en los medios y en la política. El tiempo dirá cómo este tránsito sigue moldeando nuestro futuro, pero potencialmente contiene las semillas de la globalización, la unidad y la expansión a un nivel de conciencia superior.

PLUTÓN

RENDICIÓN, TRANSFORMACIÓN Y PODER

Plutón es el planeta más poderoso en astrología: el que gobierna la muerte, el renacimiento y la transformación. Se lo conoce como «el destructor», el que termina un movimiento o una generación y comienza una nueva al moverse de signo a signo. Refleja las luchas, las pasiones y las metamorfosis de cada generación.

Desde el punto más lejano de nuestra galaxia, Plutón nos ayuda a alcanzar el pináculo del crecimiento espiritual. Plutón destruye con erupciones volcánicas cualquier cosa que se desmarque de la verdad. El nacimiento de un bebé, la muerte de un ser querido o un accidente grave son reflejos de las intensas lecciones de Plutón, desnudándonos ante nuestro ser más verdadero. Acontecimientos como la guerra, la crisis y la caída de los gobiernos nos muestran las mismas lecciones de Plutón, pero a nivel colectivo.

Desde el punto de vista arquetípico, Plutón es el chamán y el maestro Vajra que requiere nuestro compromiso absoluto para llevarnos a la realización. Debemos dedicarnos a nuestro crecimiento espiritual, encontrando el coraje para mirar hacia dentro y para saltar al vacío yendo más allá del concepto, del juicio o del miedo. Plutón nos ayuda a salir de nuestro capullo y dar el paso hacia lo desconocido. Nos escondamos donde nos escondamos, tras nuestras obsesiones, adicciones, luchas de poder o relaciones tóxicas, Plutón se asegura de que abandonemos estas ilusiones de seguridad y de que nos rindamos al fuego de la autoconciencia. En ese punto, dominaremos la sabiduría de Plutón, que consiste en saber soltar, relajarnos ante la incertidumbre y abrirnos al cambio y a la transformación.

Es el planeta que se mueve más lento. Plutón orbita el Sol en ciclos de doscientos cuarenta y ocho años, tardando una media de veinte en recorrer cada signo.[1] Cuando Plutón entra en un signo nuevo marca el inicio de una era, definida por cambios sociales importantes. La siguiente sección describe las eras y las generaciones asociadas con Plutón en cada signo, incluyendo los retos, las obsesiones y los avances de cada uno.

PLUTÓN EN ARIES: LOS EXPLORADORES

(1822-1853, 2068-2098)

Las generaciones con Plutón en Aries están conformadas por pioneros y exploradores valientes. La última generación incluye a ferozmente independientes y temerarios pioneros americanos que se trasladaron al oeste de Estados Unidos a conquistar nuevos territorios. Con Plutón en Aries, incitando comienzos violentos, este período se vio marcado por el derramamiento de sangre. Éste incluye la Batalla del Álamo, el Sendero de Lágrimas y la guerra entre México y Estados Unidos. La macabra suerte que corrieron los componentes de la Expedición Donner-Reed también tuvo lugar en este período, cuando dos familias que guiaban quinientos carros a California se encontraron con una nevada inesperada y recurrieron al canibalismo para sobrevivir. En el futuro, este trán-

---

1. Cuando se cruzan las fechas es porque Plutón tiene un movimiento retrógrado aparente al signo anterior y luego vuelve al signo actual.

sito podría marcar la época en la que empecemos a explorar la posibilidad de vivir en otros planetas, siendo pioneros en el espacio.

PLUTÓN EN TAURO: LOS MAGNATES

(1853-1884)

Las generaciones con Plutón en Tauro son fervientes y perseverantes, con un marcado enfoque en la riqueza, las tierras y las posesiones. Plutón en Tauro indica luchas por la posesión. Este período fue testigo de la guerra civil en Estados Unidos, cuando la gente peleó y murió por eliminar el derecho de que alguien pudiera ser dueño de otro ser humano. El capitalismo venció al feudalismo en todo el mundo y la revolución industrial provocó la creación de imperios de riqueza en forma de monopolios y lobbies. Aparecieron plutócratas como Vanderbilt, Rockefeller y Carnegie, y la Edad Dorada marcó en Estados Unidos un período de crecimiento económico y opulencia. Tauro regenta el canto y fue durante este período cuando se completó la Metropolitan Opera House, la cual sigue siendo la institución de música clásica más grande de Norteamérica.

PLUTÓN EN GÉMINIS: LOS COMUNICADORES

(1882-1914)

Las generaciones de Plutón en Géminis incluyen poderosos comunicadores: escritores, oradores, actores y profesores. Algunas de las personas que nacieron en este período son escritores legendarios como T. S. Eliot, William Faulkner, F. Scott Fitzgerald y Ernest Hemingway, y actores como Humphrey Bogart, Marlene Dietrich, Clark Gable y Cary Grant. Con los poderes manipuladores de Plutón combinados con los dones para la palabra de Géminis, también nacieron dos terribles dictadores durante este tránsito, Adolf Hitler y Mao Tse-Tung. Este período marcó un progreso sin igual en la tecnología de la comunicación, incluidos inventos como el teléfono, el fonógrafo, el cine y la radio.

PLUTÓN EN CÁNCER: LOS NÚCLEOS FAMILIARES

(1914-1939)

Los nacidos con Plutón en Cáncer son seres profundamente emotivos, con fuertes ataduras con la familia, el hogar y sus países. Al pasar el destructivo Plutón por Cáncer, que está centrado en la seguridad, familias en todo el mundo pasaron trastornos enormes por culpa de acontecimientos tales como la crisis del 29, la primera guerra mundial y la Revolución rusa. Cáncer regenta las familias y la feminidad y vimos una gran restructuración de la vida familiar, teniendo que sustituir las mujeres a los hombres en el trabajo porque éstos partían a la guerra. Fue entonces cuando las mujeres lograron el derecho al voto en Estados Unidos. Con Plutón en Cáncer generando la necesidad de protegerse, el nacionalismo dominaba, provocando las dos guerras mundiales. Cuando las personas que nacieron en esta época tumultuosa crecieron, ayudaron a establecer la era de Eisenhower de los años cincuenta, que cambió la cultura familiar. La seguridad de los barrios de casas adosadas era muy atractiva para estos nativos después de haber pasado la conmoción de la Depresión y de las guerras mundiales. Cáncer regenta la Luna y dos famosos astronautas con Plutón en Cáncer, Neil Armstrong y Buzz Aldrin, fueron los primeros hombres en la Luna.

PLUTÓN EN LEO: LOS HEDONISTAS

(1937-1958)

Las generaciones de Plutón en Leo son muy creativas, juguetonas y orientadas a buscar el placer. Las personas nacidas durante este tránsito provocaron la revolución sexual y popularizaron el uso recreativo de las drogas. Leo regenta a los niños, y esta generación incluye a los *baby boomers*, llamados así por el fuerte aumento de nacimientos después de la segunda guerra mundial. Marcado por el autoritarismo, el período Leo-Plutón soportó abusos de poder significativos. La caza de brujas de McCarthy arruinó la vida de muchas personas en Estados Unidos, y la famosa obra de Arthur Miller *Las Brujas de Salem* (o *El crisol*) comparaba esa persecución con los juicios a las brujas en Salem. Sorprendentemente, esos juicios comenzaron en 1692, el último año que Plutón entró en Leo. Plutón gobierna la muerte, y Leo, la celebridad, y muchas personas célebres que tenían Plutón en Leo murieron jóvenes, como Janis Joplin, Jimi Hendrix, Brian Jones, Jim Morrison y John Lennon. Esta generación aportó muchísimo trabajo creativo, generando múltiples movimientos culturales y artísticos. En esa época obsesionada con la fama se veía a las celebridades como héroes a los que venerar y adorar de forma apasionada.

PLUTÓN EN VIRGO: LOS PRAGMÁTICOS

(1956-1972)

Las generaciones con Plutón en Virgo son pragmáticas, con los pies en la tierra. Valoran el medio ambiente y trabajan mucho para acumular riqueza. De alguna forma, se rebelaron contra la búsqueda de placer de la alocada generación que los precedía. Virgo regenta la salud y a estos nativos les importa mucho el bienestar y la salud. Revolucionaron la tecnología médica, inventaron vídeos de entrenamiento físico y lograron establecer como convencional la medicina alternativa. Aquí encontramos dos de los arquetipos de Virgo, los hippies naturalistas y los esnobs impecables. Como ecologistas establecieron un nuevo estándar cultural para la comida orgánica y el reciclaje. Virgo es lo opuesto al Piscis espiritual y esta generación ha estado mayoritariamente en contra de la religión. Popularizaron el ateísmo y lideraron la lucha contra la hipocresía religiosa. Virgo regenta la pureza y el servicio, y durante los años sesenta muchas personas lucharon por unos ideales nobles y por ayudar a la humanidad. Plutón regenta la muerte y también vimos el asesinato de almas nobles que trabajaban al servicio de la humanidad, como John F. Kennedy y Martin Luther King Jr. Esperamos que en el futuro esta generación logre resolver la grave crisis ecológica y social que vivimos.

PLUTÓN EN LIBRA: LOS IGUALITARIOS

(1971-1984)

A las generaciones de Plutón en Libra les preocupa la integridad, la igualdad y la justicia. Ésta es la Generación X, conocida por su apatía, su inconstancia y por sus dificultades para establecerse. Venus, el planeta de la feminidad, regenta Libra, y este tránsito marcó una era en la que las mujeres disfrutaron de libertad sexual sin avergonzarse de ello. Esta generación también inventó la metrosexualidad, ayudando a difuminar los límites entre lo femenino y lo masculino, al auténtico estilo de Libra. Libra regenta el arte y durante este tránsito el arte ayudó a generar una importante transformación social. Libra también regenta la paz y se acabó la guerra de Vietnam. China y Estados Unidos hicieron las paces tras un largo período de hostilidad. Y en este tránsito hemos visto como la gente ha liderado el camino para lograr los derechos del colectivo LGBTQ y para redefinir el matrimonio y las relaciones personales. Marcada por los problemas en las relaciones, en esta era las tasas de divorcio alcanzaron su punto álgido. En el futuro, esta generación puede liderar el cambio de nuestros sistemas legales y de justicia.

PLUTÓN EN ESCORPIO: LOS REVOLUCIONARIOS

(1735-1747, 1983-1995)

Las generaciones de Plutón en Escorpio son imaginativas, obstinadas y poseen poderes psíquicos. Son poderosos revolucionarios que aparecen al final de cada era, liberándonos de las fuerzas opresivas mientras nos llevan a un renacimiento colectivo. Durante el siglo XVIII, las personas que nacieron en este tránsito en Estados Unidos lucharon en la guerra de Independencia. Durante el tránsito más reciente han caído la URSS y el muro de Berlín, minando el comunismo. Cuando Plutón estuvo en Escorpio en el siglo XV, Cristóbal Colón descubrió América, estableciendo el Nuevo Mundo. Antes de eso, en Europa se vivieron las Cruzadas, que terminaron con los años oscuros y prepararon el camino para el Renacimiento. A la generación actual de Plutón en Escorpio se la conoce como *millenials*. Escorpio regenta el sexo y han terminado con los tabúes sexuales. Han aceptado la bisexualidad, las relaciones abiertas y la libertad sexual. Están sintonizados con lo invisible y convirtieron en bestseller la saga literaria del mago Harry Potter. A medida que entramos en la nueva era, que debe empezar en enero 2020, cuando se unirán Júpiter, Saturno y Plutón, esta generación nos liderará en el final de la era industrial y en el comienzo de una nueva. Liderarán con valentía, profundidad y poder inherente.

PLUTÓN EN SAGITARIO:
LOS REVELADORES DE LA VERDAD

(1747-1762, 1995-2008)

Las generaciones de Plutón en Sagitario tienen espíritu aventurero, aman la libertad y desprecian la autoridad. Extrovertidos e irrefrenables, luchan por sus creencias exponiendo y propagando la verdad. Durante el último tránsito Sagitario-Plutón, por ejemplo, la CIA reconoció que Estados Unidos había mentido al mundo con respecto a sus razones para invadir Irak. Plutón regenta el sexo y Sagitario regenta la verdad, y dos escándalos sexuales sacudieron el mundo durante el último tránsito: el escándalo Clinton-Lewinsky y el encubrimiento de la pedofilia en la Iglesia católica. Sagitario es un signo social y las redes sociales se inventaron durante este período, convirtiéndose rápidamente en el centro de la cultura popular. A medida que esta generación alcance la madurez, podrán liderar el desmantelamiento de instituciones religiosas dañinas o al menos podrán conducirlas hacia una nueva fase revolucionaria. Con transparencia y curiosidad, tienen más interés en experiencias espirituales auténticas que en dogmas religiosos.

PLUTÓN EN CAPRICORNIO: LOS CONSTRUCTORES

(1762-1778, 2008-2024)

Las generaciones con Plutón en Capricornio trabajan para acabar con la tiranía y establecer nuevos gobiernos, estructuras normativas y tradiciones. Durante este tránsito en el siglo XVIII se firmó en Estados Unidos la Declaración de la Independencia, que marcó el nacimiento del país y el principio de una forma más libre de gobierno democrático, dándole voz al pueblo. El tránsito reciente de Plutón por Capricornio lo ha marcado el trastorno político y la derogación de las tradiciones patriarcales. El tiempo dirá cómo acaba pero, en el futuro, la generación Capricornio-Plutón podría ayudarnos a establecer tradiciones, paradigmas y sistemas de gobierno nuevos. Incluso podríamos llegar a ver un renacimiento de Estados Unidos al volver Plutón al mismo grado que cuando se fundó el país.

PLUTÓN EN ACUARIO: LOS FUTURISTAS

(1778-1798, 2024-2044)

Las generaciones de Plutón en Acuario son humanitarias, con importantes valores. Son promotores de la democracia y trabajan para ayudar a los más débiles. Cuando Plutón transitó Acuario por última vez, tuvo lugar la Revolución francesa, que provocó el desmantelamiento de las monarquías absolutistas y el establecimiento posterior de repúblicas y de la democracia liberal. Acuario regenta la tecnología y el futuro, y los períodos de Acuario-Plutón coinciden con grandes avances científicos. El último tránsito marcó el principio de la revolución industrial, un punto de inflexión para la humanidad que mejoró la calidad de vida de la población en general. La era de la Ilustración también coincidió con este período, estimulando la razón y el pensamiento científico de Acuario. El filósofo Immanuel Kant tuvo una gran influencia en la filosofía europea, fomentando la creencia de que podemos alcanzar la paz mediante la democracia universal y la cooperación internacional. El tránsito futuro irá probablemente vinculado a un gran aumento de la tecnología, en el que los humanos pueden empezar a fusionarse con los ordenadores, como han pronosticado Ray Kurzweil y otros muchos pensadores contemporáneos. Cuando Plutón entre en Acuario en 2024 comenzará la Era de Acuario, que se cree que traerá la iluminación colectiva, valores progresistas, cooperación y la liberación de toda opresión.

PLUTÓN EN PISCIS: LOS ARTISTAS ESPIRITUALES

(1797-1823, 2044-2068)

Las generaciones con Plutón en Piscis centran su atención en la espiritualidad, el arte y la cultura. El último tránsito marcó un período de gran romanticismo en las artes cuando prestigiosos poetas como Lord Byron, John Keats y Percy Shelley crearon trabajos influyentes, mientras que Beethoven componía sus legendarias sinfonías. Artistas como John Constable querían pintar con la profunda sensibilidad por la naturaleza que tiene Piscis y empezaron a olvidar la importancia de la línea, sustituyéndola por manchas de color libres. Piscis regenta los mares, y durante este tránsito se construyó el primer submarino. Al mismo tiempo, muchos inmigrantes cruzaron los mares hacia el Nuevo Mundo. Cuando Plutón vuelva a entrar en Piscis, es posible que vivamos un período altamente artístico y espiritual, con una gran afluencia de líderes espirituales que fomenten la compasión y la tolerancia. Podríamos experimentar un aumento en la globalización y la desintegración continuada de barreras culturales y raciales. En general, esta generación está preparada para ser espiritual, amorosa y de mentalidad abierta.

8

LAS CASAS

Adónde dirigimos nuestras energías

Tras aprender sobre los planetas y los signos, llegamos al tercer pilar de la astrología: las casas. Mientras que los planetas y los signos representan nuestros aspectos innatos –cómo pensamos, amamos y sentimos–, las casas son los campos de la vida donde aplicamos las energías.

Las doce casas representan doce categorías de la vida que se establecieron hace más de dos milenios, en tiempos de los babilonios. Éstos creían que la vida consistía en una serie de actividades y áreas en las que nos desarrollamos. Cada una de ellas se corresponde con una casa específica. Estas categorías incluyen el dinero, la creatividad, el matrimonio, la carrera profesional y la espiritualidad, entre otras.

En un nivel literal, las casas representan distintas posiciones en el cielo. La primera casa empieza en el horizonte más oriental en el momento de nuestro nacimiento. Consideremos un planeta concreto, la Luna. ¿Dónde estaba la Luna en el instante en que nacimos? ¿Estaba sobre nuestras cabezas? ¿Al este? Si la Luna estaba en el punto más oriental del horizonte o justo debajo de él, significa que cae en nuestra primera casa. Si estuviera directamente debajo de nosotros o ligeramente al oeste de ese punto, entonces la Luna se encontraría en nuestra cuarta casa. Si estu-

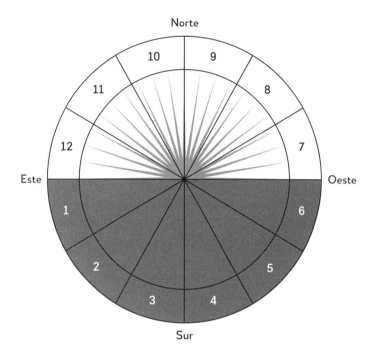

viera justo encima de nuestras cabezas o ligeramente al este, se emplazaría en nuestra décima casa.

Las doce casas no sólo se correlacionan con las doce categorías de la vida, sino también con los doce signos. El signo que corresponde a cada casa se denomina su regente natural. Conocer el regente natural de una casa ayuda a dilucidar su significado. Aunque la casa y el signo no quieren decir exactamente lo mismo, sí poseen cualidades similares. Por ejemplo, la segunda casa representa el dinero y su regente natural es el ingenioso Tauro. La séptima casa representa el matrimonio y la pareja y su regente natural es el romántico Libra. Y la décima casa representa la carrera profesional y su regente natural es el trabajador Capricornio.

CASA	REGENTE NATURAL
Primera casa: el yo	Aries
Segunda casa: bienes materiales	Tauro
Tercera casa: la comunicación	Géminis
Cuarta casa: el hogar	Cáncer
Quinta casa: la creatividad	Leo
Sexta casa: el servicio	Virgo
Séptima casa: la asociación	Libra
Octava casa: el sexo y la muerte	Escorpio
Novena casa: la filosofía	Sagitario
Décima casa: la profesión	Capricornio
Undécima casa: la comunidad	Acuario
Duodécima casa: la espiritualidad	Piscis

Vamos a ver un ejemplo para entender cómo funciona. Si el Sol, nuestra identidad básica y nuestra personalidad, está en la séptima casa, la de las asociaciones, tal vez nos identifiquemos en exceso con nuestras relaciones. Podríamos ser propensos a sentir que nuestra confianza (el Sol) depende en gran medida de la aprobación de nuestras parejas o nuestros socios. Si la Luna, planeta de las emociones, estuviera en la segunda casa, la de los bienes materiales, los lujos y la seguridad material, tendrán especial relevancia para nuestro bienestar emocional y nuestra felicidad.

Este capítulo describe el significado de cada casa, así como otras características importantes del zodíaco. No te preocupes si este tema te parece confuso o abstracto al principio. Las casas las entenderás mejor cuando empecemos a entrelazarlo todo en el capítulo 10.

LAS CASAS

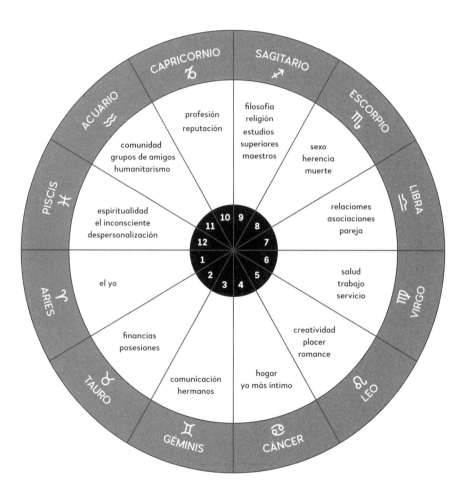

PRIMERA CASA: EL YO

REGENTE NATURAL **Aries**

PALABRAS CLAVE *apariencia, cuerpo físico, estilo, particularidades, gustos y aversiones*

La primera casa rige el yo, la confianza y la expresión básica. Los signos y planetas que están en ella indican cómo nos ven los demás y cómo nos relacionamos con el mundo exterior. Los planetas que aparecen en la primera casa resultan evidentes para las personas que conocemos. Estas energías están a la vista. Esta casa afecta al resto de nuestra carta, ya que funciona como puerta de entrada a toda nuestra vida y nuestro ser. También representa nuestro cuerpo y nuestra apariencia. Por ejemplo, si el signo de Capricornio se encuentra en la primera casa de una persona, ésta nos parecerá reservada, tradicional y ambiciosa. Si es el Sol el que se encuentra en esta casa, nos indicaría cualidades de estrella.

SEGUNDA CASA: LA RIQUEZA

REGENTE NATURAL **Tauro**

PALABRAS CLAVE *posesiones, dinero y riqueza, recursos, propiedades inmobiliarias, maestría, autoestima*

La segunda casa regenta la riqueza y las posesiones. Nos indica qué será lucrativo para nosotros y cómo ganar dinero. Tener muchos planetas en esta casa nos indica una gran seguridad material, pertenencias bonitas y comodidades. Estos nativos son ingeniosos, con recursos, y se centran en volverse expertos en sus profesiones o negocios. Manifiestan abundancia y trabajan para lograr una autoestima sana. Los planetas y los signos que se encuentran en la segunda casa revelan nuestra relación con la riqueza y con nuestro modo de ganarnos la vida. Por ejemplo, con Libra en esta casa, uno podría ganarse la vida con el arte o con sus habilidades estéticas. Si es el planeta Júpiter el que está en la segunda casa, indicará suerte en el ámbito económico.

TERCERA CASA: LA COMUNICACIÓN

REGENTE NATURAL **Géminis**

PALABRAS CLAVE *comunicación, conversación, escritura, educación temprana, hermanos, tíos y tías, vecinos, viajes cortos*

La tercera casa regenta las comunicaciones de todo tipo. Con muchos planetas en esta casa, uno podría ser escritor, profesor o conferenciante. La tercera casa también rige la educación temprana y los viajes cortos, además de los hermanos, los tíos, las tías y los vecinos. Los planetas y los signos que están en esta casa revelan cómo nos comunicamos. Por ejemplo, una tercera casa en Cáncer denota talento para hablar en público, con la capacidad de sentir la energía del ambiente y comunicar desde el corazón. Venus en la tercera casa representa habilidades poéticas, y rodeará de un halo de belleza las palabras de este nativo.

CUARTA CASA: EL HOGAR

REGENTE NATURAL **Cáncer**

PALABRAS CLAVE *relación con los padres, cómo cuidas a los demás, maternidad, madre, infancia, yo más profundo, intimidad, vida doméstica*

La cuarta casa es nuestro ámbito más íntimo, el mundo privado que sólo a veces compartimos. Es el origen de nuestros sentimientos más profundos, nuestra intimidad y nuestra forma de cuidar. Mientras que la segunda casa regenta el hogar tangible, la cuarta es el sentimiento de hogar, así como la familia y la madre. También indica la maternidad en general o cómo criamos a los niños. Los planetas y los signos que están en la cuarta casa revelan cómo entendemos la intimidad y la crianza. Leo en esta casa implica que una persona sea cercana y cariñosa cuando intima con alguien. Y la presencia de Urano puede significar una relación peculiar, diferente, con la madre o con la maternidad en general.

QUINTA CASA: LA CREATIVIDAD Y EL AMOR

REGENTE NATURAL **Leo**

PALABRAS CLAVE *creatividad, placer, niños, amor verdadero, aventuras amorosas, entretenimiento, dónde entregas tu corazón y tu afecto*

La quinta casa es la casa de la creatividad, el juego y el amor verdadero. También indica cómo nos entretenemos y lo que nos produce placer. Con muchos planetas en la quinta casa poseeremos abundante energía creativa, alegría y afecto. Puede que también tengamos muchas relaciones sentimentales o amantes a lo largo de la vida, realizando alegremente declaraciones románticas. Los planetas y los signos de esta casa revelan cómo entendemos la creatividad y el amor. Por ejemplo, una quinta casa con Capricornio podría significar que vivimos de nuestro trabajo creativo o que nos relacionamos de forma tradicional con el amor. Mercurio en esta casa puede significar talento para actuar o tendencia a aplicar nuestras habilidades intelectuales en la expresión creativa.

SEXTA CASA: EL SERVICIO Y LA SALUD

REGENTE NATURAL **Virgo**

PALABRAS CLAVE *salud, servicio, trabajo, preocupaciones*

La sexta casa regenta la salud, el trabajo y el servicio a los demás. También revela lo que nos preocupa. Con muchos planetas en esta casa, estos nativos serán sensibles y altruistas. Dedicados y orientados al servicio, emplean su energía en trabajar duro en beneficio de los demás. Los signos y los planetas que están en esta casa nos hablan de nuestra ética de trabajo y nuestra profesión. La sexta casa en Aries indicará un líder diligente, humilde y sin miedo. La Luna en esta casa revela un espíritu comprometido con ayudar al prójimo y que encuentra satisfacción en la rutina.

SÉPTIMA CASA: ASOCIACIÓN Y PAREJA

REGENTE NATURAL **Libra**

PALABRAS CLAVE *parejas, marido o mujer, matrimonio, capacidad para trabajar en armonía con los demás, enemigos o adversarios declarados, pareja ideal, nuestra sombra*

La séptima casa regenta las relaciones y la pareja. Puede revelarnos nuestras parejas ideales y también nuestras sombras. Muchos planetas en esta casa indican un énfasis en las relaciones, que puede conllevar dependencia e identificación excesiva con los demás. Irónicamente, esta casa también indica la enemistad abierta. Los signos y los planetas que están en la séptima casa nos muestran cómo nos relacionamos con la pareja y con los otros en general. Por ejemplo, Capricornio en esta casa puede significar que estos nativos se casen de forma tradicional. Y la presencia de Urano puede indicar una manera original de vivir el amor o bien dificultades para comprometerse en las relaciones.

OCTAVA CASA: SEXO, MUERTE Y NACIMIENTO

REGENTE NATURAL **Escorpio**

PALABRAS CLAVE *sexo, muerte, herencia, trabajo psicológico profundo, nacimiento, renacimiento, sanación, misticismo*

La octava casa es la casa de la muerte, el sexo, el nacimiento y la psicología. Muchos planetas en esta casa indican una inclinación al trabajo interior profundo y a la transformación. Quizá estos nativos serán terapeutas, chamanes, enfermeros o comadronas. Se enfatiza la sexualidad, así como la investigación y ahondar en los aspectos ocultos de la experiencia humana. Los planetas y los signos que están en la octava casa nos cuentan, ante todo, cómo entendemos la intimidad sexual. Por ejemplo, Sagitario en esta casa implica el deseo de explorar la intimidad sexual con muchas personas o con personas de origen distinto. Marte en la octava casa puede indicar una naturaleza sexual profunda e intensos deseos. Como esta casa también regenta la herencia, si está Júpiter, el planeta de la suerte, podría significar dinero en la familia.

NOVENA CASA: FILOSOFÍA Y AVENTURA

REGENTE NATURAL **Sagitario**

PALABRAS CLAVE *filosofía, estudios superiores, aventura, viajes de larga distancia, religión, exploración de distintas culturas, profesores, gurús*

La novena casa regenta los viajes al extranjero, los maestros espirituales y los estudios superiores. Con muchos planetas en esta casa, uno sentirá la necesidad de ver mundo, de vivir en países lejanos o de buscar la aventura. El énfasis en ella también nos puede indicar una trayectoria académica destacada, con estudios de tercer grado. Los planetas y los signos que están en la novena casa indican cómo nos relacionamos con la religión y la filosofía. Por ejemplo, Aries en esta casa puede revelar un espíritu valiente y muy viajado, así como la voluntad de lanzarse de cabeza a la aventura. Júpiter en la novena casa puede significar grandes logros en estudios superiores, la habilidad de enseñar o la suerte de encontrar un maestro espiritual o mentores y profesores inspiradores.

DÉCIMA CASA: PROFESIÓN Y ESTATUS SOCIAL

REGENTE NATURAL **Capricornio**

PALABRAS CLAVE *carrera profesional, estatus social, padre, paternidad, ambición, responsabilidades externas*

La décima casa rige la carrera, la sociedad y el padre. Ésta es la casa que nos muestra qué profesión nos traerá éxito y cómo contribuiremos a la sociedad. También nos dice cómo percibimos a nuestro padre y cómo nos relacionamos con la disciplina y la tradición. Tener muchos planetas aquí significa que centramos nuestras energías en ascender en la escala social, en lograr el éxito y ser reconocidos. Los signos y los planetas que caen en esta casa indican cómo entendemos la carrera profesional y la sociedad. Por ejemplo, una décima casa en Géminis refleja un alma que puede ganarse la vida como escritor, profesor u orador. Plutón en esta casa denota una actitud autoritaria en el trabajo y la posibilidad de alcanzar un nivel de poder y de fama extraordinario.

UNDÉCIMA CASA: LA AMISTAD Y LA COMUNIDAD

REGENTE NATURAL **Acuario**

PALABRAS CLAVE *grupos de amigos, comunidad, humanitarismo, asociaciones, sociedad iluminada, objetivos, esperanzas y deseos*

La undécima casa regenta la comunidad, la amistad y la ayuda humanitaria. En particular, nos habla de los grupos de personas afines a nosotros y la clase de amistades que atraemos. Si Cáncer está en nuestra undécima casa, podemos tener muchos amigos cuidadores y sanadores. Si el que está es Marte, podremos ser líderes en nuestra comunidad o pioneros que luchan por motivos humanitarios. Muchos planetas en esta casa implican centrar los talentos en la propia comunidad, creando una sociedad iluminada, uniendo a las personas y luchando por los derechos humanos.

REGENTE NATURAL **Piscis**

PALABRAS CLAVE *espiritualidad, inconsciente, adicciones, escapismo, karma, habilidades psíquicas, meditación, energías inconscientes, fotografía, cine, fantasía, ilusiones*

Tradicionalmente se conoce a la duodécima casa como la de la despersonalización. Regenta la adicción, la evasión y las motivaciones a nivel inconsciente. Pero también representa la espiritualidad, las habilidades psíquicas y el amor incondicional. Si se tienen muchos planetas en ella, uno puede sentirse dominado por impulsos inconscientes. Si se elige emplear esta energía en actividades espirituales, retiros o meditación, se puede llegar muy lejos en el camino espiritual. Al regentar también el cine, la fotografía y las artes espirituales, una duodécima casa prominente podría indicar talento en estos ámbitos. Los signos y planetas que están en esta casa nos muestran aquello que ocultamos. Por ejemplo, tener Piscis puede mostrar una espiritualidad no realizada o poco desarrollada, y Urano, una excentricidad oculta.

LAS CÚSPIDES DE LAS CUATRO CASAS

ASCENDENTE, DESCENDENTE, FONDO DE CIELO Y MEDIO CIELO

Los ángulos más importantes de la carta son las cúspides de las cuatro casas angulares, que corresponden a las casas primera, cuarta, séptima y décima. Si los planetas se emplazan tocando estos ángulos, tienen una importancia significativa en nuestras vidas y en nuestro ser, amplificando su significado en nuestra carta.

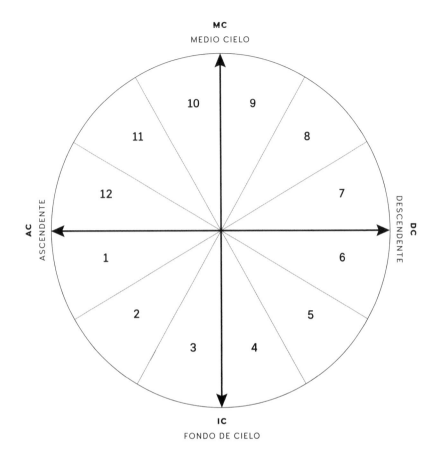

EL ASCENDENTE (CÚSPIDE DE LA PRIMERA CASA)
El yo más externo / apariencia física

EL DESCENDENTE (CÚSPIDE DE LA SÉPTIMA CASA)
Las relaciones / pareja

EL FONDO DE CIELO O IMUM COELI (CÚSPIDE DE LA CUARTA CASA)
El yo más interno / intimidad

EL MEDIO CIELO O MEDIUM COELI (CÚSPIDE DE LA DÉCIMA CASA)
La carrera profesional / la reputación

LAS DIVISIONES DE LAS CASAS

Las casas están divididas en cuatro cuadrantes hemisféricos: este, oeste, norte y sur. Las posiciones son antiintuitivas, ya que corresponden con el hemisferio opuesto al que imaginaríamos. El este es la mitad izquierda, y el oeste, la derecha. El norte es la mitad inferior, y el sur, la superior. Cuando miramos una carta, el énfasis hemisférico se determina por el emplazamiento de la mayor parte de los planetas en dicha carta. Cada énfasis tiene un significado diferente.

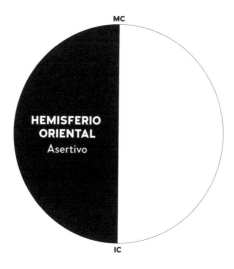

Hemisferio oriental: asertivo

El hemisferio oriental consiste en las casas del lado izquierdo de una carta. Las personas que tienen la mayor parte de los planetas en este hemisferio tienden a automotivarse, mostrando iniciativa, confianza y asertividad.

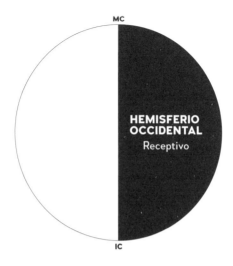

Hemisferio occidental: receptivo

El hemisferio occidental consiste en las casas del lado derecho de una carta. Las personas que tienen la mayoría de los planetas en el hemisferio occidental suelen ser más receptivas y orientadas hacia los demás.

SOMOS ESTRELLAS

Hemisferio norte: interno / personal

El hemisferio norte consiste en la mitad inferior de una carta. Éstas son las casas internas y subjetivas. Con muchos planetas en el hemisferio norte, los nativos tenderán a ser introvertidos y reservados, orientados hacia el crecimiento personal y el desarrollo interno.

Hemisferio sur: externo / social

El hemisferio sur consiste en la mitad superior de la carta. Éstas son las casas más sociables y externas, orientadas hacia el colectivo. Con muchos planetas en el hemisferio sur, los nativos probablemente serán más extrovertidos, con énfasis en eventos externos y ámbitos públicos.

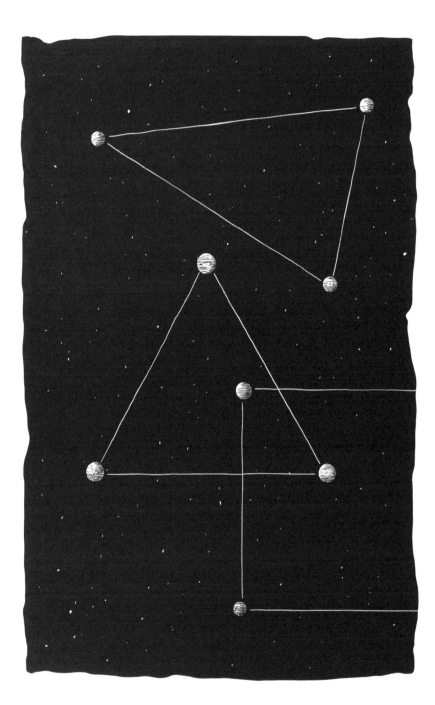

9

LOS ASPECTOS

La relación entre los planetas

Tras conocer los planetas, los signos y las casas, el componente final que necesitamos para leer una carta natal son los aspectos. Éstos son los ángulos formados por dos o más planetas en nuestra carta natal e indican la relación entre nuestras energías planetarias. Explican cómo se combinan y armonizan las distintas facetas de nuestra personalidad o, por el contrario, cómo crean paradojas, tensión y complejidad.

Los aspectos se dividen en dos grandes categorías: mayores y menores. Los aspectos mayores representan los grados más fuertes entre dos puntos o planetas en nuestra carta. El aspecto mayor más importante es la conjunción, aproximadamente 0° entre dos planetas.

Tanto los aspectos mayores como los menores se dividen en armónicos e inarmónicos. Sin embargo, no existe un ángulo «malo». Los aspectos tensos o inarmónicos (como las cuadraturas y las oposiciones) son los que nos dan pasión, intensidad y motivación. Si nuestra carta sólo tuviera aspectos armónicos (como los trígonos y los sextiles), posiblemente seríamos almas complacientes, satisfechas fácilmente y rara vez cuestionaríamos lo establecido. Lo que nos hace avanzar son nuestras discordancias, que nos mueven a resolver las tensiones mediante la acción, la creatividad y la ambición.

Al aprender a interpretar las cartas planetarias no tenemos que memorizar el significado de cada aspecto entre planetas individuales. Si conocemos el significado de los aspectos en general, podremos aplicarlo a lo que sabemos de los planetas y los signos. Por ejemplo, pongamos que, en una carta natal, Venus forma un trígono, o ángulo de 120°, con el ascendente. Sabemos que un trígono es un ángulo armónico, que Venus representa amor y belleza, y que el ascendente rige nuestra apariencia física. Entrelazando esta información, podremos suponer que este nativo será una persona encantadora, bella y carismática. Si sabemos que su ascendente está en Acuario, esto amplía todavía más nuestra comprensión. Puede que esta persona parezca excéntrica o idiosincrásica (ascendente en Acuario), pero el ángulo armónico a Venus nos indica que su rebeldía sería popular. No sería un rebelde incómodo o conflictivo, algo que puede acompañar a veces a un ascendente Acuario. Por el contrario, si Marte, planeta de la virilidad y de la ira, formara conjunción con su ascendente Acuario, podría parecer más agresivo, expresando su inconformismo y su alteridad de forma desafiante.

Al entender los ángulos, podemos empezar a comprender nuestras complejidades más profundas. Nuestros retratos se van perfilando a medida que descubrimos cómo interactúan nuestros distintos potenciales en un único conjunto cohesionado. Vemos qué crea fricción y qué fluye, dónde tenemos talento natural y en qué debemos esforzarnos más. Ésos son los detalles más específicos de nuestras psiques, los que nos hacen ser quienes somos, dando forma a nuestra personalidad y nuestra vida. Este capítulo describe los aspectos mayores y menores, así como el significado de cada uno.

Éstos son los aspectos que se consideran mayores por ser los ángulos más significativos entre dos planetas:

ÁNGULO	SÍMBOLO	DESCRIPCIÓN	+/-
Conjunción 0°	☌	El aspecto más fuerte, la intensificación de energías	Ni positivo ni negativo
Trígono 120°	△	Combinación fácil de energías	Es el aspecto más armónico
Oposición 180°	☍	Tensión, fricción, pasión	Inarmónico
Sextil 60°	✳	Beneficioso, pero más débil que el trígono	Armónico
Cuadratura 90°	☐	Ángulo difícil, fricción y lucha	Inarmónico

 Conjunción
0°

Dos planetas que coinciden en el mismo grado del mismo signo
o con 10° de diferencia entre ambos

Éste es el aspecto más fuerte entre dos puntos o planetas. Este ángulo no es ni positivo ni negativo. Sencillamente se intensifica la energía de cada astro. También significa que esas energías trabajarán conjuntamente, de forma indivisible, en la personalidad del nativo. Si dos o más planetas forman conjunción en una carta, este punto de la carta tendrá mayor incidencia en la personalidad y la trayectoria vital de esa persona. Si la conjunción es al grado exacto, la influencia será todavía más potente.

Trígono
120°

Dos planetas que están a 120° o con 9° de diferencia entre ambos en cualquier dirección
Éste es el aspecto más armónico entre dos planetas. Las energías se mezclan con facilidad y armonía. Con demasiados trígonos en una carta, uno podría volverse complaciente o perezoso, sintiéndose satisfecho con muy poca acción o esfuerzo.

 Oposición
180°

Dos planetas que están a 180° o con 9° de diferencia entre ambos en cualquier dirección
A este aspecto se lo considera inarmónico, pues tiene dos energías opuestas que crean tensión. Esta discordancia puede generar dinamismo y una pasión creativa que conduzca al crecimiento y a la aventura. Armonizar las polaridades es parte del camino vital.

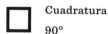 **Sextil**
60°

Dos planetas que están a 60° o con 6° de diferencia entre ambos en cualquier dirección
Este aspecto se considera armónico, aunque es más débil que el trígono. Hace falta mayor esfuerzo para obtener sus beneficios.

 Cuadratura
90°

Dos planetas que están a 90° o con 9° de diferencia entre ambos en cualquier dirección
Se lo considera difícil e inarmónico, indicando fricciones y obstáculos. Los retos de una cuadratura pueden forjar el carácter del nativo y aportarle sabiduría, motivación y profundidad.

Éstos son los que se consideran aspectos menores, al resultar menos potentes y determinantes que los aspectos mayores:

ÁNGULO	SÍMBOLO	DESCRIPCIÓN	+/-
Quincuncio 150°	木	Energías que no se pueden mezclar	Desafiante
Semicuadratura 45°	∠	Es una versión menos potente de la cuadratura	Levemente inarmónico
Sesquicuadratura 135°	무	Similar a la semicuadratura	Levemente inarmónico
Semisextil 30°	Y	Es una versión menos potente del sextil	Levemente inarmónico

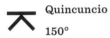

Quincuncio

150°

Dos planetas que están a 150° o con 2° de diferencia entre ambos en cualquier dirección

Este aspecto puede ser un desafío. Con la cuadratura y la oposición resulta difícil combinar la energía de dos planetas, pero con el quincuncio los planetas sencillamente no se pueden combinar. Debido a esto se suele compartimentar. Por ejemplo, Venus-quincuncio-Saturno podría significar que es difícil conciliar nuestra vida amorosa con la vida profesional y, por tanto, que nos costará sentirnos satisfechos en los dos ámbitos a la vez. Además, como Venus regenta los valores, podría significar también que nuestro trabajo entra en conflicto con nuestra ética.

Semicuadratura

45°

Dos planetas que están a 45° o con 2° de diferencia entre ambos en cualquier dirección

Ligeramente inarmónico. Una versión menos potente de la cuadratura.

 Sesquicuadratura

135°

Dos planetas que están a 135° o con 2° de diferencia entre ambos en cualquier dirección

Ligeramente inarmónico. Similar a la semicuadratura.

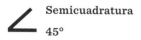 **Semisextil**

30°

Dos planetas que están a 30° o con 2° de diferencia entre ambos en cualquier dirección

Ligeramente armónico. Una versión menos potente del sextil.

FIGURAS DE ASPECTOS

Al mirar las cartas natales, podemos observar algunos patrones de ángulos entre los puntos o planetas que crean formas específicas, como un triángulo perfecto, un cuadrado o incluso una cometa. Son las llamadas **figuras de aspectos**. Los planetas o los puntos que forman una figura crean relaciones dinámicas, trabajando sus energías conjuntamente e influyéndose entre sí. Las figuras de aspectos pueden ser armónicas o desafiantes. Sin embargo, como ocurre con los aspectos, las figuras desafiantes presentan un enorme potencial. Aportan profundidad y motivación a sus nativos, provocándoles grandes esfuerzos y luchas vitales que finalmente revelarán sus talentos. Y, aunque la figura armónica indique karma positivo y talentos naturales, se requieren también estímulos externos para que los nativos activen todas sus capacidades.

Éstas son algunas figuras de aspecto claves de una carta natal y su significado:

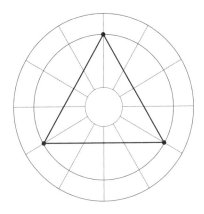

Gran trígono

Un gran trígono es un triángulo equilátero, formado por tres trígonos o ángulos de 120°. Esta figura representa un flujo plácido de energía y de dones innatos. Con su sola presencia, los nativos de un gran trígono aportan equilibrio y armonía a quienes los rodean. Sin embargo, desarrollar sus talentos también requiere esfuerzo. A veces, la pereza o la complacencia acompañan a esta figura de aspectos debido a que sus nativos pueden sentirse satisfechos con mayor facilidad que los demás. Si otro planeta formara un ángulo desafiante con cualquier punto del gran trígono, ayudaría a expandir los dones del nativo.

Habitualmente, los tres puntos o planetas que hay en un gran trígono estarán en un solo elemento: fuego, tierra, aire o agua. Los grandes trígonos en fuego representan talentos como la inspiración, la pasión o el deporte. Grandes trígonos en tierra representan cualidades como el arraigo, la estabilidad, el pragmatismo y la sensualidad. En los signos de aire, estas figuras indican talentos mentales, comunicación, lógica e ingenio. Finalmente, los grandes trígonos en agua dotan a sus nativos de empatía natural y habilidad para cuidar, apoyar emocionalmente y sanar a los demás.

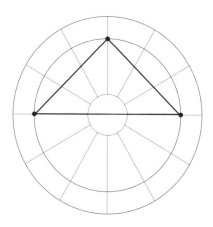

Cuadratura en T

Una cuadratura en T es un triángulo rectángulo formado por una oposición (ángulo de 180°) y dos cuadraturas (ángulos de 90°). Esta figura de aspectos representa lucha e impulso poderosos, que pueden provocar un gran sufrimiento pero también logros considerables. Los nativos liberan la tensión de la oposición por la punta del triángulo, que se conoce como el punto focal. Estas personas se involucrarán rigurosamente en cualquier actividad o energía que represente el punto focal. Esto las puede llevar a desarrollar una gran pasión, a períodos de trabajo intensos y una motivación casi desesperada en ese ámbito de la vida.

La energía de la cuadratura en T llega en ráfagas erráticas y estas personas necesitarán una gran recarga de energía. La clave para encontrar el equilibrio es desarrollar las energías del cuadrante vacío, es decir, las energías de la casa o el signo opuesto al punto focal. Esto puede aliviar y equilibrar en gran medida.

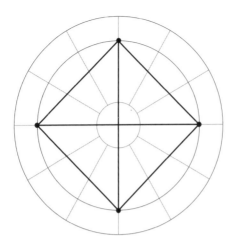

Gran cuadratura

Una gran cuadratura es una cuadratura formada por dos oposiciones (ángulos de 180º) y cuatro cuadraturas (ángulos de 90º). Esta figura representa dones extraordinarios pero acompañados de grandes luchas y de rigidez. Los retos que les presentará la vida serán la llave para desbloquear el potencial de estos nativos. Tienen talentos en facetas dispares de la vida y a veces les cuesta elegir una sola dirección. De alguna manera, se ven obligados a encontrar su centro, equilibrio y armonía. De lo contrario, vivirán atormentados por tensiones internas. Al seguir su camino, tanto interno como externo, enfrentándose a sus miedos y trabajando profundamente, tendrán muchas posibilidades de convertirse en personas importantes y virtuosas.

Stellium

Un stellium ocurre cuando hay tres o más planetas en un solo signo o casa. Esta figura indica una atención extrema a los asuntos o tendencias relativos a ese signo o casa. El nativo será capaz de dirigir una tremenda motivación, desarrollo personal, conciencia y actividad hacia esas áreas de la vida. Para aprender a encontrar el equilibrio deberá buscar en la casa o el signo opuesto.

10

ENTRELAZÁNDOLO TODO

En los capítulos anteriores hemos estudiado los signos, los astros, las casas y los aspectos, así que ya contamos con todos los elementos básicos necesarios para empezar a leer cartas natales. Como la astrología es principalmente un arte intuitivo, cada astrólogo tendrá su propio estilo o metodología. Pero aquí os muestro la que es, para mí, la forma de abordar las cartas más útil y directa.

Reconozco que puede ser apabullante al principio. Hay muchas piezas en juego y muchos conceptos que entender. Pero si lo desglosamos en pequeños pasos empezará a tener más sentido. Recuerda que la astrología es un lenguaje y hay que practicarlo para adquirir fluidez. Cuantas más cartas leas, mejor lo harás.

Ahora aplicaremos los pasos básicos de la lectura de cartas a un ejemplo: la del legendario músico, compositor y poeta Leonard Cohen. Y después aplicaremos estos pasos a tu propia carta.

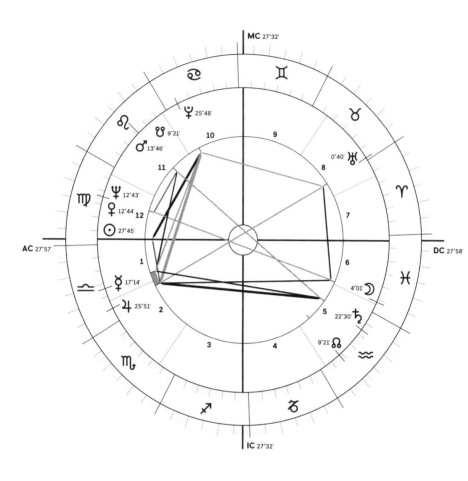

LEONARD COHEN

21 de septiembre de 1934 | 6.45 h

Montreal (Quebec, Canadá)

PASOS BÁSICOS DE LA LECTURA DE UNA CARTA NATAL

PASO 1: EL ÉNFASIS DE LA CARTA

Primero vamos a familiarizarnos con sus energías principales valorando cuál es el énfasis de su carta. ¿Dónde están emplazados la mayor parte de los planetas de la carta de Leonard Cohen? Vemos que se hallan en el cuadrante izquierdo o hemisferio oriental *(véase el capítulo 8)*. Esto nos da una idea de las motivaciones básicas de Cohen –su iniciativa, su independencia, su asertividad y su automotivación– antes de desglosar el resto de su carta.

PASO 2: EL SOL, LA LUNA Y EL ASCENDENTE

Ahora, miremos los tres elementos más importantes de cualquier carta: el Sol, la Luna y el ascendente. Primero, vemos que su Sol, o personalidad básica, está en Virgo. Su Luna, o naturaleza emocional, está en Piscis. Y su ascendente, o máscara social, está también en Virgo.

El Sol, o el ego básico

Virgo: humilde servidor, organizador lógico, orador meticuloso, devoto, en busca de sencillez y de pureza

Con su Sol o personalidad básica en Virgo observamos que Cohen demostró claramente los rasgos de su signo solar. Fue un escritor y poeta talentoso que vivió modestamente y se esforzó por alcanzar la pureza. Aunque se lo conocía por escribir canciones hermosas con letras exquisitas, su comportamiento era sencillo y respetuoso, y se entregaba de todo corazón a su maestro budista.

Primera casa: expresión básica

El Sol en la primera casa nos dice que, aunque Cohen era Virgo, que normalmente trabaja entre bambalinas para los demás, desarrolló su energía Virgo en la primera casa, la de la expresión básica. Es la casa de la confianza y de la visibilidad. Así, aunque era un Virgo tímido, tenía confianza, asertividad y cualidades de estrella. Era capaz de controlar su timidez, su excentricidad y su perfeccionismo y llevarlos con estilo.

Luna, o el yo interior

Piscis: místico, soñador, espiritualista, que busca la unidad

A continuación, nos preguntamos qué dice la Luna de Cohen. Vemos que está en Piscis, el signo opuesto a su Sol y su ascendente. Esto significa que, mientras que su identidad externa (Sol y Ascendente en Virgo) se caracterizaba por el trabajo duro, el lenguaje y la precisión, en el fondo era un místico, con una imaginación vívida e inclinaciones espirituales. Esto es cierto en Cohen, que practicaba el budismo zen y el judaísmo, y que creaba desde su profunda imaginación y sus anhelos espirituales.

EL EMPLAZAMIENTO DE LA LUNA EN LAS CASAS

Sexta casa: servicio, devoción y trabajo duro

Con su Luna en Piscis sabemos que, en el fondo, Cohen era un espiritualista y un soñador. Pero ¿dónde aplicó estas energías? La sexta casa se asocia con Virgo, que regenta el servicio, el trabajo duro y la devoción. De nuevo, sabemos que era un judío y budista devoto y que trabajó duro en la expresión de su música, que a veces parecía de otro mundo. Virgo también es ascético y Cohen renunció al lujo para vivir como un monje y estudiar bajo la instrucción de su maestro budista zen; un buen ejemplo de la Luna en Piscis en la sexta casa.

Ascendente, o máscara social

Virgo: humilde servidor, organizador lógico, orador meticuloso,
devoto, en busca de sencillez y de pureza

Con el ascendente en Virgo podemos ver que la primera impresión que daba Cohen era de humildad. Parecía reservado, con aspecto pulcro, meticuloso y con ojo crítico.

PASO 3: LOS PLANETAS INTERIORES

Mientras que el Sol, la Luna y el ascendente nos cuentan los rasgos básicos y el carácter emocional de alguien, los planetas interiores nos revelan más facetas personales. En la carta de Cohen vemos que tiene Mercurio en Libra, Venus en Virgo y Marte en Leo. ¿Qué significa esto?

Mercurio, o mente y comunicación

Libra: artista y romántico

Cohen tiene Mercurio, el planeta de la comunicación, en Libra, signo del arte, la belleza, el amor y el romance. Esto nos dice que sus palabras se verán rodeadas de un halo de belleza, que tendrá tendencias poéticas y habilidad para expresar el amor a través del lenguaje. Todo esto podemos confirmarlo, ya que Cohen está reconocido como uno de los mejores letristas de todos los tiempos, cuya poesía y música, a menudo romántica, cautivó y cautiva los corazones de mucha gente.

EL EMPLAZAMIENTO DE MERCURIO EN LAS CASAS

Primera casa: expresión básica

La primera casa es la más importante. Cualquier planeta que esté en esta casa se ve enfatizado. Aquí podemos ver que, para Cohen, tenían especial importancia en su vida y en su ser la comunicación, la escritura y la actividad mental. Sabemos que su identidad estaba muy ligada a ser poeta y compositor, lo cual está correlacionado con este emplazamiento.

Venus, o la creatividad y el carácter romántico
Virgo: el purista y el perfeccionista

El Venus de Cohen está en Virgo. Esto nos dice que su creatividad y su naturaleza romántica son verbales y exigentes. No olvidemos que a Virgo lo rige Mercurio, el planeta de la comunicación. Virgo es selectivo y leal, lo cual se aplicaría a la vida amorosa de Cohen, a su creatividad, su estilo y su estética. Sabemos que no tuvo pareja durante la mayor parte de su vida, pero en el fondo se mantuvo fiel a su querida Marianne, sobre la que escribió ampliamente. Poco después de que ella muriera, él la siguió. Con respecto a su estética y estilo sabemos que se vestía todos los días con traje, siempre animado y arreglado. Éste es el verdadero Venus al estilo Virgo.

Sin embargo, mirando su carta, también vemos que su Venus en Virgo está en conjunción con Neptuno, regente de Piscis. He aquí una de las paradojas de Cohen: es tan exacto y verbal en su expresión creativa (Venus en Virgo) como místico y esquivo al canalizar su música y su letra de otro mundo (Venus en conjunción con Neptuno).

Vemos en la carta de Cohen un tema recurrente que debemos destacar: tiene una fuerte tendencia tanto al servicio, a la devoción y al lenguaje (Virgo / sexta casa) como a la música, la imaginación y el misticismo (Piscis).

EL EMPLAZAMIENTO DE VENUS EN LAS CASAS
Duodécima casa: el inconsciente y la espiritualidad

Venus en la duodécima casa revela un impulso profundo e inconsciente de ser amado. También puede indicar asuntos llevados en secreto, un carácter creativo, soñador e imaginativo, y un deseo de combinar espiritualidad, arte y amor. Sabemos que Cohen tuvo muchas amantes, que ciertamente era imaginativo y que acudía a su espiritualidad como fuente de inspiración para gran parte de su música y de su escritura.

Marte, o esfuerzo físico y sensualidad

Leo: artista de la expresión personal e intérprete

Aquí radica otra dimensión de la personalidad de Cohen, bajo los rasgos comedidos y precisos de Virgo. Su Marte, planeta de la iniciativa, del esfuerzo físico y de la sexualidad, cae en el signo creativo y expresivo de Leo. Si bien su comportamiento externo podía ser tímido y humilde, su Marte en Leo indica acertadamente que también era un auténtico artista que poseía y expresaba una naturaleza sexual cálida y cercana.

EL EMPLAZAMIENTO DE MARTE EN LAS CASAS

Undécima casa: humanitarismo e idealismo

Un Marte en Leo en la undécima casa revela que Cohen aplicó su energía creativa a fines idealistas y humanitarios. Se veía impulsado a pensar en términos de futuro y colectivo. Todo esto sabemos que se corresponde con su trayectoria vital, ya que escribió canciones de protesta y donó dinero a diferentes causas humanitarias.

PASO 4: LOS ASPECTOS

Ahora que entendemos la personalidad básica de Cohen, sus energías, impulsos y focos de atención, podemos ver cómo estos elementos se relacionan entre sí observando los aspectos, o ángulos, entre sus planetas. Vamos a centrarnos primero en algunos de los aspectos mayores de sus planetas personales, empezando por el más importante:

Sol en conjunción con el ascendente

(0°)

Cuando un planeta está en conjunción con la cúspide de una casa angular, la energía de dicho planeta se amplifica, y el ascendente es la más poderosa de las cuatro cúspides *(véase el capítulo 9)*. Ya sabemos que el Sol de Cohen está en su ascendente y que su Sol y su ascendente están incluso exactamente en el mismo grado (27° Virgo).

También sabemos que las conjunciones son el aspecto más fuerte entre dos planetas o puntos, enfatizando la energía de cada uno. Además, sabemos que el ascendente es la línea más determinante de nuestra carta y que representa nuestra imagen o capa externa y la puerta de entrada a nuestra vida y nuestro ser. Finalmente, sabemos que el Sol es nuestra expresión básica y el indicador más potente de quiénes somos. Entonces, ¿cómo se entrelazan todos estos elementos?

Esta conjunción muestra una persona capaz de causar una fuerte impresión. Es probable que Cohen fuera un líder natural que se encontrara a menudo siendo el centro de la atención. Seguro que le costaba escaparse pasando desapercibido porque debía de ser el objeto de todas las miradas al entrar en cualquier lugar.

El resplandor natural del Sol brillaría a través de su expresión externa. En particular, sus cualidades de Virgo serían fuertes y evidentes.

Como cantautor y compositor influyente que obtuvo mucha fama y atención, sabemos que todas estas cosas son ciertas.

La Luna en oposición a Venus / Neptuno

(180°)

Una oposición entre dos planetas crea tensión y se lo considera el ángulo más inarmónico. Sin embargo, también genera fricciones y aventuras creativas. La Luna en oposición a Venus y a Neptuno en la carta de Cohen nos cuenta que su alma y su yo emocional (la

Luna) mantuvieron un diálogo dinámico tanto con su creatividad y naturaleza amorosa (Venus) como con sus sueños y su espiritualidad (Neptuno).

Esto podría significar que Cohen canalizaba su sensible naturaleza emocional (Luna en Piscis) a través de su arte y su música (Venus y Neptuno). También podría significar que sus sentimientos personales estuvieron en discordancia con sus relaciones, que le fuera difícil encontrar un equilibrio entre sus necesidades emocionales y su creatividad o sus relaciones. Incluso podría haber un movimiento pendular muy pronunciado entre estas dos polaridades. Sabemos que Cohen tenía dificultades para comprometerse con una persona desde el punto de vista romántico y que llegó a dejar su carrera para vivir en un monasterio budista zen. Éstas son posibles manifestaciones de esta fuerte oposición.

Trígono entre Mercurio y Saturno
(120°)

Un trígono entre Mercurio y Saturno es un aspecto habitual en cartas de autores, compositores y poetas, porque indica capacidad para aplicar las habilidades de la comunicación y de la mente (Mercurio) en proyectos profesionales, utilizando el poder de la constancia, la perseverancia, el orden y la disciplina de Saturno. El lenguaje será metódico y la tendencia al perfeccionismo se verá acentuada. Y todo esto parece acertado en el caso de Leonard Cohen.

Figuras de aspectos: cuadratura en T

A continuación, veamos si Cohen tiene alguna figura de aspectos o si los planetas crean alguna forma significativa en su carta. Parece que Cohen tienen una cuadratura en T o triángulo rectángulo. Su cuadratura en T está formada por una oposición entre Júpiter y Urano, ambos en cuadratura con Plutón.

Sabemos que las cuadraturas en T representan tanto luchas en la vida como grandes logros y que los nativos de estas figuras resuelven su tensión interna a través del punto focal de su cuadratura en T. En el caso de Cohen, este punto focal es Plutón en Cáncer en la décima casa. Esto significa que dirige una energía increíble hacia una poderosa expresión emocional (Plutón en Cáncer), que además ofrece al público y a su carrera profesional (décima casa).

Como compositor, Cohen creó canciones emocionalmente muy intensas que lograron gran influencia y reconocimiento. La cuadratura en T de Cohen fue por tanto muy evidente en su vida y en su ser.

RESUMEN DE LA CARTA DE LEONARD COHEN

Si bien la carta de Cohen incluye muchas más características importantes, esta lectura es un buen comienzo. Al profundizar en tus estudios encontrarás muchos más elementos que buscar y qué significan. Pero entendiendo estos pilares básicos y siguiendo estos pasos podrás leer una carta natal.

Incluso si sólo te centras en el Sol, la Luna y el ascendente, podrías hablar de la personalidad básica de una persona, de su motivación y de su carácter emocional. Siempre hay más para aprender pero, por ahora, podemos dejarlo aquí.

INTERPRETAR TU PROPIA CARTA NATAL

Ahora prepara tu propia carta y sigamos los pasos necesarios para interpretarla. Hay muchos generadores de cartas gratuitos en internet. Yo recomiendo usar astro.com. Una vez en la web, encuentra la opción para crear la carta natal e introduce los datos de tu nacimiento.

PASO 1: EL ÉNFASIS DE LA CARTA

Primero, echa un vistazo a dónde se encuentran la mayor parte de tus planetas o fíjate en si están uniformemente repartidos por toda tu carta. Si se emplazan mayoritariamente en un cuadrante, ¿qué dice esto de ti? Puedes ir anotando tus respuestas.

Éste es el significado de cada cuadrante:

- **Hemisferio oriental (lado izquierdo):** automotivado, independiente y asertivo

- **Hemisferio occidental (lado derecho):** orientado a las relaciones y receptivo

- **Hemisferio norte (mitad inferior):** introvertido, personal, orientado a la superación y el desarrollo personal

- **Hemisferio sur (mitad superior):** sociable y extrovertido, orientado a lo colectivo y público

PASO 2: EL SOL, LA LUNA Y EL ASCENDENTE

Emplazamiento de los signos

Ahora busca tu Sol (☉), Luna (☽) y ascendente (AC, la línea en el extremo izquierdo). Si no sabes a qué hora naciste, te puedes saltar el ascendente. Sigues teniendo mucho que consultar. Fíjate en qué signos caen tu Sol, tu Luna y tu ascendente.

A modo de recordatorio, aquí tienes todos los signos y sus símbolos:

Aries	Tauro	Géminis	Cáncer
Leo	Virgo	Libra	Escorpio
Sagitario	Capricornio	Acuario	Piscis

Ahora regresa a los capítulos del Sol, la Luna y el ascendente para ver tu emplazamiento e intenta contestar las siguientes preguntas sobre cada uno. Puedes escribirlas en un diario para recordarlas:

EL SIGNO SOLAR

¿Cuál es tu signo solar? ¿Qué dice tu signo solar sobre tu expresión básica? ¿Y sobre tus talentos y tus retos? ¿Coincide con lo que conoces de ti?

EL SIGNO LUNAR

¿Cuál es tu signo lunar? ¿Qué dice tu signo lunar sobre tu naturaleza emocional? ¿Qué te aporta felicidad según tu signo lunar? Comprueba si coincide con lo que sabes de ti.

¿En qué signo cae tu ascendente? ¿Qué revela sobre lo que muestras a los demás, la primera impresión que das y tu estilo? ¿Coincide con lo que sabes de ti? Pregunta a tus amigos qué percepción tuvieron de ti cuando os conocisteis.

El emplazamiento en las casas

Ahora mira en qué casas están tu Sol y tu Luna (si un planeta está al final mismo de una casa, normalmente se interpreta en la casa siguiente). De nuevo, puedes apuntar las respuestas a las siguientes preguntas.

Pero primero recordemos el significado de cada casa:

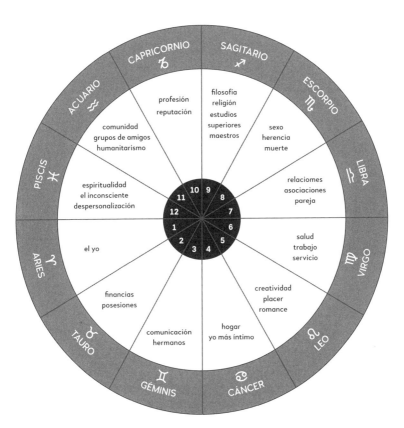

LA CASA DEL SOL

¿En qué casa está tu Sol? Según esta posición, ¿en qué campo centras el desarrollo de tu identidad y la expresión de tu personalidad? ¿Sientes que tu vitalidad depende de esta faceta de la vida? Mira si coincide con lo que sabes de ti.

LA CASA DE LA LUNA

¿En qué casa cae tu Luna? Según este emplazamiento, ¿dónde diriges tu energía emocional? ¿Depende tu felicidad de lo que sucede en este ámbito de la vida? Mira si coincide con lo que sabes de ti.

PASO 3: LOS PLANETAS INTERIORES

Observa en qué signos caen Mercurio, Venus y Marte. Puedes buscar su significado en el capítulo 5. Y de nuevo escribe tus respuestas a las siguientes preguntas:

Emplazamientos de los signos

EL SIGNO DE MERCURIO

¿Cuál es tu signo de Mercurio? ¿Qué dice éste sobre tu estilo de comunicación? Según tu signo de Mercurio, ¿cómo hablas?, ¿cómo asimilas la información?, ¿y qué estudios es probable que te atraigan? Mira si coincide con lo que sabes de ti.

EL SIGNO DE VENUS

¿Cuál es tu signo de Venus? ¿Qué dice sobre tu naturaleza amorosa y tu estilo personal? Según tu signo de Venus, ¿cómo amas?, ¿cuáles son tus valores?, ¿y cómo te relacionas con la creatividad? Mira si coincide con lo que sabes de ti.

EL SIGNO DE MARTE

¿Cuál es tu signo de Marte? ¿Qué dice sobre tus impulsos, tu sexualidad y lo que te atrae? ¿Y qué aspecto de la vida se supone que te impulsa? Mira si coincide con lo que sabes de ti.

Emplazamiento en las casas

Ahora mira en qué casas están tus planetas interiores. Escribe las respuestas a las siguientes preguntas:

LA CASA DE MERCURIO

¿En qué casa está Mercurio? ¿En qué empleas tu energía mental según el emplazamiento de tu casa de Mercurio? Mira si refleja lo que sabes de ti.

LA CASA DE VENUS

¿En qué casa está Venus? Y, según la casa en la que está Venus, ¿hacia dónde orientas tu amor y tu creatividad? ¿Coincide esto con lo que conoces de ti?

LA CASA DE MARTE

¿En qué casa cae Marte? Según esta ubicación, ¿hacia dónde diriges tus esfuerzos? ¿Qué ámbito de la vida te impulsa y motiva? Fíjate en si coincide con lo que sabes de ti.

PASO 4: LOS ASPECTOS

Identifica qué aspectos o ángulos aparecen en tu carta. Éstas son las líneas de colores que verás reflejadas en tu carta.

Conjunciones
0° (±10°)

Primero, mira si hay alguna conjunción, o planetas que estén a menos de 10° entre ellos. Recuerda el significado de los planetas que están en conjunción: ¿crees que estas energías trabajan conjuntamente en tu vida? Veamos algunos ejemplos: si tu Venus (naturaleza amorosa) está en conjunción con tu Sol (identidad principal), ¿eres fuertemente artístico, sociable o estiloso? Si tu Luna (naturaleza emocional) está en conjunción con Marte (ira, sexualidad), ¿están tus emociones ligadas a pasiones intensas?

Trígonos

120° (± 9°)

Ahora observa si tienes trígonos en tu carta (suelen ser las líneas azules que aparecen en la carta). Las energías de los planetas que forman un trígono trabajarán conjuntamente para ti. Considera la importancia de los planetas implicados y pregúntate: ¿estas energías conviven armoniosamente en mi vida?

Oposiciones

180° (±9°)

Mira ahora si tienes planetas en oposición en tu carta (suelen ser las líneas rojas que aparecen en la carta). Conociendo el significado de los planetas involucrados en esta oposición, pregúntate: ¿producen estas energías opuestas fricciones dentro de mí? ¿Lucho por armonizar estas polaridades en mi vida? ¿Me está generando esta oposición una creatividad dinámica y una pasión?

Cuadraturas

90° (±9°)

Finalmente, mira si tienes cuadraturas en tu carta. Y, recordando el significado de los planetas implicados, pregúntate: ¿es en este ámbito donde se dan las batallas de mi vida? ¿Estos retos y obstáculos me están aportando grandes lecciones de crecimiento? ¿Este conflicto me genera curiosidad y me ayuda a fortalecer mi carácter y mi profundidad?

Puedes repetir el proceso con los aspectos menores.

Figuras de aspectos

Ahora fíjate en si tienes alguna figura de aspectos significativa. ¿Tus planetas forman un gran trígono (triángulo equilátero), una cuadratura en T (triángulo rectángulo) o una gran cuadratura (cuadrado)? ¿Hay alguna casa o signo que contenga tres o más planetas (stellium)?

Recordemos las figuras de aspectos más importantes y su significado:

Gran trígono: un triángulo equilátero que representa una plácida fluidez de energías y de talentos innatos, y que a veces va acompañado de complacencia.

Gran trígono de fuego: talentos de inspiración o de habilidad física.
Gran trígono de tierra: talentos de estabilidad, enraizamiento, pragmatismo y sensualidad.
Gran trígono de aire: talentos relacionados con la mente y la comunicación.
Gran trígono de agua: talentos emocionales, intuitivos o espirituales.

Cuadratura en T: un triángulo rectángulo que representa fuertes conflictos internos e impulsos.

Gran cuadratura: un cuadrado que representa talentos importantes pero acompañados de una gran lucha e inflexibilidad.

Stellium: un grupo de tres o más planetas que están en una sola casa o signo, dándole mucho énfasis a esas inclinaciones o a ese ámbito de la vida.

CONTINÚA TU VIAJE ASTROLÓGICO

¡Enhorabuena! Has leído tu carta natal. A medida que sigas estudiando y practicando la astrología, encontrarás que hay muchos más elementos que aprender. Éste es un proceso que puedes continuar el resto de tu vida. Sin embargo, ahora tienes una base sólida a la que puedes volver una y otra vez. De hecho, la mejor forma de aprender astrología es leer tantas cartas como puedas.

Una vez que domines los principios básicos que describimos en este libro, los siguientes pasos pueden estar dirigidos a aprender sobre:

• Los nodos norte y sur, que representan nuestro verdadero camino de vida, nuestra vida pasada o nuestras inclinaciones habituales.

• La astrología de las relaciones (sinastría y cartas compuestas), que nos enseña cómo interactúan nuestros planetas natales con otras personas, reflejando nuestra compatibilidad.

• Quirón, un cometa que representa «el sanador herido», nuestro maestro interior, o el lugar en nuestra carta que muestra las heridas de la infancia y también dónde nos convertiremos en el sanador.

• Asteroides, algunos de los cuales tienen magnitud suficiente como para influir en nuestras cartas, como Ceres, Juno, Palas, Atenea, Lilith y Vesta.

• Tránsitos o cómo nos afectan las posiciones planetarias actuales, a nivel tanto personal como colectivo.

Mientras tanto, tienes mucho que asimilar. Los principios básicos de la astrología te permiten leer cartas natales y obtener comprensión ilimitada. Puedes aplicar estos principios a cualquier persona que conozcas: tu pareja, amigos, compañeros de trabajo o familiares, tanto si te fascinan como si te desconciertan. Ahora posees una llave mágica que te permite abrir puertas de conocimiento y de sabiduría.

Espero que hayas disfrutado de este viaje por el antiguo arte de la astrología, y que continúes tus estudios y abordes la vida con mayor autoconocimiento, mayor entendimiento de la naturaleza humana y una mente más abierta a la posibilidad de que todos seamos seres cósmicos, tanto terrenales como inmensamente infinitos.

AGRADECIMIENTOS

Quiero dar las gracias de todo corazón a todos los que me han ayudado a crear este libro. En primer lugar, gracias a Sara Bercholz y Juree Sondker por darme esta oportunidad y haberme guiado por el camino. A Audra Figgins por sus revisiones, y a todos los demás de Roost Books y Shambhala Publications. Asimismo, quiero darle las gracias a mi querido amigo e ilustrador, Alejandro Cardenas, que creó las extraordinarias ilustraciones de este libro con una conexión cósmica, atención al detalle y una pasión increíbles. Ha logrado que este libro cobre vida aportándole mayor dimensión, magia y mitología. Ha sido un auténtico placer trabajar con él. Como dos Virgos con la Luna en Acuario –dos místicos raros–, nuestra asociación para este proyecto nos ha parecido cosa del kismet (el destino).

Deseo expresar un agradecimiento especial a mi maravilloso maestro de astrología, Kelly Lee Phipps, que ya no está entre nosotros. No pudo acabar su propio libro de astrología antes de fallecer y siento la creación del mío como un acto de amor hacia él. Su espíritu se sigue canalizando a través de mí.

También me gustaría darle las gracias a mi maestro budista, Sakyong Mipham Rinpoche, cuyas enseñanzas, sabiduría, visión y amor me han inspirado enormemente, y a Bernard Weitzman, que inició mi camino espiritual con su devoción, su insistencia, su cordura, su humor y su enorme inteligencia.

Ezra Woods y Alia Raza se merecen un párrafo propio. Han sido fundamentales en mi camino astrológico, animándome a escribir con regularidad y orientando mi lenguaje hacia la naturaleza, la poesía y el arte. Creé mi página web etherealculture.com y mi cuenta de Instagram @etherealculture después de que me pidieran un artículo mensual sobre astrología para su empresa Régime des Fleurs (regimedesfleurs.com). No deja de maravillarme su originalidad, su estilo y su creatividad.

Finalmente, gracias a todos los amigos que han leído borradores, que me han ayudado a editarlos y que me han apoyado en general –Michael Hornburg, Bonnie Hoffman, Roe Ethridge, John Searcy, Genevieve Waltcher, Jennie Rindler y Amanda Stark-Rankins, en particular.

A todos los demás que me habéis apoyado e inspirado y que todavía no he mencionado, como familia, amigos, profesores, musas, clientes, lectores y quienes me protegen, gracias.

Os mando amor a todos. Espero que nuestros esfuerzos sean beneficiosos.

GLOSARIO DE TÉRMINOS ASTROLÓGICOS

Acuario (♒): el undécimo signo del zodíaco, por el que transita el Sol desde el 20 de enero hasta el 18 de febrero. Acuario es un signo fijo de aire, simbolizado por el aguador y regentado por Urano. Los nativos de Acuario son innovadores, originales, humanitarios y progresistas.

Afinidad: una atracción mutua entre signos.

Aflicción: en una carta natal, un aspecto inarmónico entre dos planetas que puede crear tensión o dificultad.

Agua: uno de los cuatro elementos, o triplicidades, en los que se dividen los signos del zodíaco, junto con fuego, tierra y aire. En astrología, el agua representa las emociones, la sensibilidad, la imaginación y la espiritualidad. Los signos de agua son Cáncer, Escorpio y Piscis.

Aire: uno de los cuatro elementos, o triplicidades, en los que se dividen los signos del zodíaco junto con fuego, tierra y agua. En astrología, el aire representa el intelecto y la comunicación. Los signos de aire son Géminis, Libra y Acuario.

Ángulos: véase Aspectos.

Aries (♈): es el primer signo del zodíaco, por el que transita el Sol desde el 21 de marzo hasta el 19 de abril. Aries es un signo cardinal de fuego, simbolizado por el carnero y regentado por Marte. Los nativos de Aries son líderes decididos, obstinados y enérgicos.

Ascendente (o signo ascendente): el signo del zodíaco que se alza en el punto más oriental del horizonte en el momento de nacer. También es el grado exacto del horizonte más oriental en el nacimiento. El ascendente empieza en la primera casa y nos habla de las capas más externas de una persona, incluida la apariencia física y las primeras impresiones que causa.

Aspectos (también conocidos como las cúspides de las casas angulares o ángulos): los cuatro puntos cardinales en el horóscopo que marcan el horizonte y el meridiano. Los cuatro aspectos son el Ascendente, el Fondo de Cielo (Imum Coeli), el Descendente y el Medio Cielo (Medium Coeli). Éstos son los puntos más significativos y kármicos de una carta natal. Si los planetas están en estos aspectos, o cerca de ellos, se ven acentuados en la vida y la personalidad de una persona.

Asteroides: planetas menores, nuevos para la astrología. Se descubrieron en el siglo XIX. Se cree que algunos tienen influencia astrológica. En concreto

Ceres, Palas, Juno, Vesta y Lilith. En la astrología occidental se está empezando a explorar y considerar los asteroides.

Astrología (del griego *astrologia*, que significa «estudio de las estrellas»): el estudio de los cuerpos celestes, sus posiciones y movimientos para determinar aspectos relativos a los humanos y al mundo natural.

Astrología helenística: una tradición de astrología grecorromana que nació alrededor del siglo I a.C., fusionando la astrología egipcia y la babilónica antigua después de las conquistas alejandrinas en Egipto. Es el origen de gran parte de la astrología que se practica hoy.

Astrología mundana: la rama de la astrología que se ocupa de la actualidad mundial, la política, los fenómenos naturales y los ciclos históricos.

Astrología occidental: el sistema de astrología más popular en los países occidentales. El sistema se basa en el Tetrabiblos de Ptolomeo del siglo II d.C., que fue una continuación de la astrología helenística.

Cáncer (♋): el cuarto signo del zodíaco, por el que transita el Sol desde el 21 de junio hasta el 22 de julio. Cáncer es un signo cardinal de agua, simbolizado por el cangrejo y regentado por la Luna. Los nativos de Cáncer son emocionales, imaginativos, sensibles, cuidadores y temperamentales.

Capricornio (♑): el décimo signo del zodíaco, por el que transita el Sol desde el 22 de diciembre hasta el 19 de enero. Capricornio es un signo cardinal de tierra, simbolizado por la cabra marina y regentado por Saturno. Los nativos de Capricornio son ambiciosos, disciplinados, tradicionales, responsables y muy íntegros.

Cardinal: una de las tres cualidades, o cuadruplicidades, en las que se dividen los signos del zodíaco. Las tres cualidades son cardinal, fijo o mutable. Los signos cardinales están al comienzo de cada estación: Aries en primavera, Cáncer en verano, Libra en otoño y Capricornio en invierno. Los signos cardinales son líderes y personas con ideas, poseen iniciativa, entusiasmo e inspiración.

Carta de nacimiento: véase Carta natal.

Carta natal (también denominada carta astral): un horóscopo o mapa de los cuerpos celestes que indica las posiciones planetarias en el momento del nacimiento. Cuando se interpreta, la carta natal revela aspectos de quiénes somos, tales como nuestra personalidad, carácter, talentos, retos y propósito de vida.

Carta progresada: un método antiguo de dibujar el horóscopo que revela en qué fase de la vida nos encontramos. Un día equivale a un año de vida, así que el horóscopo del día siguiente a tu nacimiento representa tu segundo año de vida. Las progresiones más importantes son cuando tu Sol o tu Luna natal pasan al siguiente signo.

Casas: las doce divisiones de un horóscopo que representan distintas facetas de la vida. Ésta es el área de la vida donde aplicamos las energías de nuestros planetas. Hay varios sistemas de casas a los que se adhieren los astrólogos. El más común (y el que se usa en este libro) es el sistema Plácidus.

Conjunción: el aspecto más poderoso entre dos planetas en un horóscopo, cuando se encuentran en el mismo grado o a un máximo de 10° el uno del otro. Las energías planetarias se combinan e intensifican.

Constelaciones: grupos de estrellas que forman una figura, acuñados en la Antigüedad. Los signos del zodíaco se corresponden con constelaciones.

Cuadrante (de la palabra latina *quadrans*, que significa «cuarto»): uno de los cuatro cuartos del círculo del horóscopo. Cada cuadrante contiene tres casas y tiene un significado distinto.

Cuadratura (□): un aspecto mayor en el que dos o más planetas o puntos en una carta astrológica están a 90°, o a menos de 9° de ese ángulo en cualquier dirección. Un aspecto inarmónico que indica para el nativo retos que, en última instancia, le proporcionarán crecimiento, motivación y desarrollo de su carácter.

Cuadruplicidad: un grupo de cuatro signos astrológicos que pertenecen a la misma cualidad: cardinal, fijo o mutable. La cuadruplicidad cardinal incluye Aries, Cáncer, Libra y Capricornio; la cuadruplicidad fija incluye Tauro, Leo, Escorpio y Acuario; y la cuadruplicidad mutable incluye Géminis, Virgo, Sagitario y Piscis.

Cualidades: los tres tipos de energías en las que se dividen los signos. Las tres cualidades son cardinal, fijo o mutable. Los signos cardinales emprenden, los fijos estabilizan y los mutables se adaptan.

Cúspide: el punto en el que empieza un signo del zodíaco. Cuando una persona nace cerca del principio o el final de un signo, nace en la cúspide y muestra características de ambos signos.

Cúspides de las casas angulares: véase Aspectos.

Descendente: uno de los cuatro ángulos o cúspides de las casas angulares en un horóscopo. El Descendente marca la cúspide de la séptima casa, directamente opuesto al Ascendente. Esta línea representa nuestra sombra y cómo nos relacionamos con las parejas y las asociaciones.

Dualidad: una de las clasificaciones de los signos del zodíaco. La dualidad de un signo es masculina o femenina. Los signos femeninos son Tauro, Cáncer, Virgo, Escorpio, Capricornio y Piscis. Los signos masculinos son Aries, Géminis, Leo, Libra, Sagitario y Acuario. Los signos femeninos son receptivos y orientados al mundo interior. Los signos masculinos son enérgicos, centrados en la acción y orientados al mundo exterior.

Eclíptica: el círculo en el firmamento que representa la trayectoria aparente del Sol desde la Tierra. En realidad, la Tierra gira alrededor del Sol, pero la eclíptica describe la trayectoria del Sol desde la perspectiva de la Tierra.

Elementos: las cuatro sustancias básicas en la Tierra, que se corresponden con la clasificación de los signos del zodíaco: fuego, tierra, aire y agua. Los signos de fuego son inspiradores y enérgicos; los signos de tierra son prácticos y estables; los signos de aire son intelectuales y comunicativos, y los signos de agua son emocionales e imaginativos.

Énfasis hemisférico: lugar en el que predominan los planetas dentro del horóscopo circular, dividido en cuatro hemisferios: superior, inferior, izquierdo y derecho (o sur, norte, oriental y occidental). Muchos planetas en el hemisferio superior representan la extroversión, y en el inferior, la introversión. El hemisferio izquierdo indica asertividad y el derecho indica receptividad.

Equinoccios (primavera y otoño): los dos momentos del año en los que el Sol cruza el ecuador del cielo, haciendo que la noche y el día tengan la misma duración. El equinoccio de primavera o vernal ocurre cuando el Sol entra en Aries. El equinoccio otoñal ocurre cuando el Sol entra en Libra.

Escorpio (♏): el octavo signo del zodíaco, por el que transita el Sol desde el 23 de octubre hasta el 21 de noviembre. Escorpio es un signo fijo de agua, simbolizado por el escorpión y regentado por Plutón y Marte. Los nativos de Escorpio son posesivos, profundos, poderosos, intensos e inquisitivos.

Figuras de aspectos: figuras específicas formadas por tres o más planetas o puntos de una carta. Son útiles cuando se lee una carta por primera vez. Algunos ejemplos son:

> **Gran cuadratura:** un cuadrado que representa talentos importantes, pero que pueden ir acompañados de una gran lucha e inflexibilidad.

> **Gran trígono:** un triángulo equilátero que representa una plácida fluidez de energía y de talentos innatos, y que puede ir acompañado de complacencia.

Stellium: un grupo de tres o más planetas que están en una sola casa o signo, dándole mucho énfasis a esas inclinaciones en esta área de la vida.

Cuadratura en T: un triángulo rectángulo que representa un conflicto potente y, a su vez, motivación.

Fijo: una de las tres cualidades, o cuadruplicidades, en las que se dividen los signos del zodíaco. Las tres cualidades son cardinal, fijo o mutable. Los signos fijos están en medio de cada estación. Son Tauro, Leo, Escorpio y Acuario. Los signos fijos son los estabilizadores. Son equilibrados y determinados, pero también rígidos o testarudos.

Fondo de cielo (también denominado Imum Coeli, abreviado como IC, significa «la parte más baja de los cielos»): uno de los cuatro ángulos o cúspides de las casas angulares en un horóscopo. El Fondo de cielo marca la cúspide de la cuarta casa, directamente opuesta al Medio cielo. Esta línea representa las áreas más íntimas y profundas de una persona, incluido su hogar, el padre o madre cuidador y el mundo interior.

Fuego: uno de los cuatro elementos, o triplicidades, en los que se dividen los signos del zodíaco, junto con tierra, agua y aire. En astrología, el fuego representa la inspiración, el entusiasmo y la impulsividad. Los signos de fuego son Aries, Leo y Sagitario.

Géminis (♊): el tercer signo del zodíaco, por el que transita el Sol desde el 21 de mayo hasta el 20 de junio. Géminis es un signo mutable de aire, simbolizado por los gemelos y regentado por Mercurio. Los nativos de Géminis son intelectuales, curiosos, volátiles y comunicativos.

Glifos: los símbolos tipográficos que representan cada planeta o signo. Dentro de los glifos hay un conjunto uniforme de símbolos. Por ejemplo, el círculo representa el mundo espiritual, el semicírculo representa el alma y la cruz representa el mundo material.

Grandes configuraciones: véase Figuras de aspectos.

Horizonte: la línea que divide el círculo de un horóscopo de este a oeste, conectando el Ascendente con el Descendente.

Horóscopo (de las palabras griegas *hora*, que significa «hora», y *skopos*, que significa «el que observa»): un diagrama de la eclíptica, dividido en doce partes conocidas como casas que indican las posiciones del Sol, la Luna y los planetas en relación con un punto concreto de la Tierra. La palabra *horóscopo* también se puede referir a la interpretación de esta carta, así como a las predicciones de las próximas energías para un individuo o un colectivo.

Imum Coeli: véase Fondo de cielo.

Júpiter: el planeta de la buena fortuna, la expansión, la sabiduría y la abundancia.

Karma: una noción originaria del hinduismo y el budismo que afirma que nuestras acciones pasadas afectan nuestra existencia futura. Esta noción está fuertemente vinculada a la astrología moderna, con el consenso prevaleciente de que el karma de nuestra alma se corresponde con las posiciones de los planetas en el momento de nuestro nacimiento, instante en el cual se inicia el viaje espiritual de esta vida.

Leo (♌): el quinto signo del zodíaco, por el que transita el Sol desde el 23 de julio hasta el 22 de agosto. Leo es un signo fijo de fuego, simbolizado por el león y regentado por el Sol. Los nativos de Leo son creativos, expresivos, cercanos y egocéntricos.

Libra (♎): el séptimo signo del zodíaco, por el que transita el Sol desde el 23 de septiembre hasta el 22 de octubre. Libra es un signo cardinal de aire, simbolizado por la balanza y regentado por Venus. Los nativos de Libra son armoniosos, artísticos, románticos e indecisos.

Luna (☽): el planeta o luminaria que representa nuestras emociones, la sensibilidad y el inconsciente.

Marte (♂): el planeta del esfuerzo físico, de la sexualidad y de la fuerza.

Medio cielo (también conocido como Medium Coeli, abreviado como MC, significa «la parte más alta de los cielos»): uno de los cuatro ángulos o cúspides de las casas angulares, en un horóscopo. El Medio cielo marca la cúspide de la décima casa, directamente opuesta al Fondo del cielo. Esta línea representa la ambición, la carrera profesional y la imagen pública.

Medium Coeli: véase Medio cielo.

Mercurio (☿): el planeta de la mente, el intelecto y la comunicación.

Meridiano: la línea que divide el círculo de un horóscopo de Norte a Sur, conectando el Fondo de cielo con el Medio cielo.

Mutable: una de las tres cualidades, o cuadruplicidades, en las que se dividen los signos del zodíaco. Las tres cualidades son cardinal, fijo o mutable. Los signos mutables están al final de cada estación. Son Géminis, Virgo, Sagitario y Piscis. Los signos mutables son flexibles, simpáticos y tienen un carácter relajado.

Nativo: una persona con un emplazamiento planetario concreto en el momento de nacer. Por ejemplo, si hablamos de alguien que tiene Mercurio en

Acuario en su carta natal, nos referiremos a esa persona como un nativo de Mercurio en Acuario.

Neptuno (Ψ): el planeta de la espiritualidad, la compasión, la ilusión, la imaginación y la trascendencia.

Nodo Norte: el área de nuestra vida donde nos debemos esforzar para crecer espiritualmente. A menudo es una zona incómoda en nuestra carta, así como la mayor fuente de crecimiento. Representa el verdadero propósito de nuestras vidas.

Nodo Sur: nuestras vidas pasadas, lo que resulta más natural y donde nuestras costumbres nos frenan.

Nodos: los Nodos Norte y Sur son puntos directamente opuestos entre ellos que forman el eje nodal. Son los puntos en los que la órbita de la Luna cruza el plano de la eclíptica. Nuestro viaje espiritual implica equilibrar nuestros nodos Norte y Sur, o el área que representan en nuestra carta. Debemos aportar los dones naturales que nos da nuestro nodo Sur al camino del nodo Norte.

Oposición (☍): un aspecto mayor, en el que dos planetas o puntos se encuentran opuestos en una carta natal, formando un ángulo de 180°, o estando a menos de 9° de ese ángulo en cualquier dirección. Tradicionalmente se considera que es un aspecto inarmónico que crea fricciones y dificultades. Representa retos pero a la vez es una fuente potencial de crecimiento, de motivación, de dinamismo y de logros.

Órbita: la trayectoria de cualquier cuerpo celeste al moverse en torno a otro.

Piscis (♓): el duodécimo signo del horóscopo, por el que transita el Sol desde el 19 de febrero hasta el 20 de marzo. Piscis es un signo mutable de agua, simbolizado por el pez y regentado por Neptuno. Los nativos de Piscis son sensibles, espirituales, impresionables y compasivos. Es el último signo del zodíaco y engloba todos los signos que lo preceden.

Planeta (del griego *planets*, que significa «errante»): un cuerpo celeste que se mueve en torno a una estrella. En astrología, planetas se refiere a los cuerpos celestes que giran alrededor del Sol, además del Sol y la Luna.

Plutón (♇): el planeta de la rendición, de la transformación y el poder.

Polaridad (también denominado signo opuesto): signos del zodíaco opuestos, por ejemplo, Aries y Libra, o Tauro y Escorpio.

Punto de la Fortuna (también conocido por su nombre en latín, *Pars Fortuna*): un punto en la carta natal en la que se suma la longitud del ascendente a la longitud de la Luna, y al que se resta la longitud del Sol. Los astrólogos modernos consideran que este punto indica un ámbito de éxito y buena suerte en la vida de una persona.

Quincuncio (⚻): un ángulo menor en el que dos o más planetas o puntos forman un ángulo de 150° en una carta natal, o están a menos de 2° de ese ángulo en cualquier dirección. El quincuncio es ligeramente inarmónico. Las dos energías no se pueden combinar.

Quirón: un planeta que se descubrió en 1977, que orbita de forma única y errática. La mayoría de los astrólogos occidentales consideran e interpretan su posición. Quirón, simbolizado por el sanador herido, señala nuestras heridas de infancia. También refleja cómo nos convertimos en nuestro propio sanador al superar nuestro dolor y nuestra sensación de incompetencia.

Regente (también denominado planeta regente):

    1. El planeta que domina sobre cierto signo. Por ejemplo, Mercurio regenta Géminis y Virgo. El Sol regenta Leo.

    2. En una carta natal, se reconoce como planeta regente de la carta al que regenta el ascendente. El planeta regente tiene un significado concreto para el individuo.

Sagitario (♐): el noveno signo del zodíaco, por el que transita el Sol desde el 22 de noviembre hasta el 22 de diciembre. Sagitario es un signo mutable de aire, simbolizado por el arquero y regentado por Júpiter. Los nativos de Sagitario son filosóficos, optimistas, entusiastas, y les encanta viajar, la libertad y la aventura.

Saturno (♄): el planeta de la responsabilidad, la ambición, la sociedad y la tradición.

Semicuadratura (∠): un aspecto menor, en el que dos o más planetas o puntos forman un ángulo de 45° en una carta natal, o están a menos de 2° de ese ángulo en cualquier dirección. Ligeramente inarmónico. Una versión menos potente de la cuadratura.

Semisextil (⚺): un aspecto menor, en el que dos o más planetas o puntos forman un ángulo de 30° en una carta natal, o están a menos de 2° de ese ángulo en cualquier dirección. Ligeramente inarmónico, es una versión menos potente del sextil.

Sesquicuadratura (⚼): un aspecto menor, en el que dos o más planetas o puntos están a 135° en una carta natal, o están a menos de 2° de ese ángulo en cualquier dirección. Ligeramente inarmónico, sus efectos son similares a los de la semicuadratura.

Sextil (⚹): un aspecto mayor, en el que dos o más planetas o puntos forman un ángulo de 60° en una carta, o están a menos de 6° de ese ángulo en cualquier dirección. Este aspecto se considera armónico. Las energías se combinan con facilidad y se apoyan la una en la otra.

Signo ascendente: véase Ascendente.

Signos del zodíaco (también denominados signos astrológicos): los doce segmentos de 30° de la rueda del zodíaco, basados en la trayectoria de las constelaciones por las que pasa el Sol desde la perspectiva de la Tierra. Los doce signos son: Aries, Tauro, Géminis, Cáncer, Leo, Virgo, Libra, Escorpio, Sagitario, Capricornio, Acuario y Piscis.

Sol (☉): el planeta o luminaria que representa nuestra identidad básica, mente y energía.

Solsticios (verano e invierno): los dos puntos del año en que el Sol está más lejos del ecuador celeste. El solsticio de verano ocurre cuando el Sol entra en Cáncer, siendo éste es el día más largo del año. El solsticio de invierno ocurre cuando el Sol entra en Capricornio, y éste es el día más corto del año.

Tauro (♉): el segundo signo del zodíaco, por el que transita el Sol desde el 20 de abril hasta el 20 de mayo. Tauro es un signo fijo de tierra, simbolizado por el Toro y regentado por Venus. Los nativos de Tauro son sensibles, confiables, testarudos y sencillos.

Tierra:

1. Uno de los cuatro elementos, o triplicidades, en los que se dividen los signos del zodíaco, junto con fuego, agua y aire. En astrología, la tierra representa la practicidad y la estabilidad. Los signos de tierra son Tauro, Virgo y Capricornio.

2. Tierra (con mayúscula): el planeta que habitamos.

Tránsito: el paso de un planeta por un signo o por una posición del horóscopo.

Trígono (△): un aspecto mayor en el que dos planetas o puntos en una carta astrológica están a 120°, o a menos de 9° de ese ángulo en cualquier dirección. Un trígono es el aspecto más armónico en astrología, donde las dos energías se apoyan con fluidez. Los trígonos generan satisfacción natural e incluso complacencia por la facilidad que conllevan.

Triplicidad: un grupo de tres signos astrológicos que pertenecen al mismo elemento. La triplicidad de fuego incluye Aries, Leo y Sagitario. La triplicidad de tierra incluye Tauro, Virgo y Capricornio; la de aire incluye Géminis, Libra y Acuario; y la de agua incluye Cáncer, Escorpio y Piscis.

Urano (♅): el planeta de la intuición, la rebelión y la revolución.

Venus (♀): el planeta del amor, la creatividad y los valores.

Virgo (♍): el sexto signo del zodíaco, por el que transita el Sol desde el 23 de agosto hasta el 22 de septiembre. Virgo es un signo mutable de tierra, simbolizado por la virgen y regentado por Mercurio. Los nativos de Virgo son dedicados, orientados al servicio, meticulosos y críticos.

Zodíaco (del griego *zodiakos*, que significa «círculo de animales»): un lazo que envuelve la Tierra, justo por encima y por debajo de la eclíptica, que contiene constelaciones y planetas que orbitan el Sol, con la excepción de Plutón. El zodíaco es un círculo perfecto de 360° dividido en doce signos que se corresponden con las constelaciones: Aries, Tauro, Géminis, Cáncer, Leo, Virgo, Libra, Escorpio, Sagitario, Capricornio, Acuario y Piscis. Aunque las constelaciones son de tamaños distintos, los doce signos del zodíaco abarcan 30° cada uno.

BIBLIOGRAFÍA

ARROYO, Steve, *Chart Interpretation Handbook*, CRCS Publications, Se-
bastopol, California, 2015 [*Manual de interpretación de la carta natal
(Astrología)*, trad. de Montserrat Gurguí Martínez de Huete, Urano,
Barcelona, 1991].

CAMPBELL, Joseph, y Bill Moyers, *The Power of Myth*, Anchor, Norwell,
Massachusetts, 1991 [*El poder del mito*, trad. de César Aira, Capitán
Swing, Madrid, 2016].

CUNNINGHAM, Donna, *An Astrological Guide to Self-Awareness*, CRCS
Publications, Sebastopol, California, 1978 [*Guía astrológica del conocimiento personal*, trad. de Héctor V. Morel, Kier, Buenos Aires,
2003].

FORREST, Steven, *The Inner Sky: How to Make Wiser Choices for a More
Fulfilling Life*, Seven Paws Press, Portland, Oregón, 2007.

—, *The Book of Pluto: Finding Wisdom in Darkness*, Seven Paws Press, Portland, Oregón, 2012.

—, *The Book of Neptune*, Seven Paws Press, Portland, Oregón, 2016.

GETTINGS, Fred, *The Arkana Dictionary of Astrology*, Penguin Group, Nueva York, 1990.

GOODMAN, Linda, *Linda Goodman's Sun Signs*, Bantam Books, Nueva York,
1985 [*Los signos del zodíaco y su carácter*, trad. de Eduardo Goligorsky,
Urano, Barcelona, 2006].

GREENE, Liz, y Howard Sasportas, *The Luminaries: The Psychology of the
Sun and Moon in the Horoscope*, Weiser Books, Newburyport, Massa-
chusetts, 1992 [*Los luminares*, trad. de Marta Guastavino, Barcelona,
Urano, 1994].

—, *The Inner Planets: Building Blocks of Personal Reality*, Weiser Books,
Newburyport, Massachusetts, 1993 [*Los planetas interiores*, trad. de
Marta Guastavino, Barcelona, Urano, 1996].

HAND, Robert, *Horoscope Symbols*, Para Research, Gloucester, Massachusetts, 1981 [*Los símbolos del horóscopo*, trad. de Marta Guastavino,
Urano, Barcelona, 1993].

HICKEY, Isabel, *Astrology, a Cosmic Science: The Classic Work on Spiritual
Astrology*, CRCS Publications, Sebastopol, California, 2011.

HOWELL, Alice O., *Jungian Symbolism in Astrology*, The Theosophical Publishing House, Wheaton, Illinois, 1987.

JUNG, C.G., *Psyche and Symbol*, ed. de Violet S. de Laszlo, Doubleday and Company, Garden City, Nueva York, 1958 [hay varias traducciones al castellano].

—, *Synchronicity: An Acausal Connecting Principle*, Pantheon Books, Nueva York, 1955 [*Sincronicidad como principio de conexiones acausales, Vol. 8: La dinámica de lo inconsciente*, trad. de Dolores Ábalos, Trotta, Madrid, 2011].

LACHMAN, Gary, *Jung the Mystic: The Esoteric Dimensions of Carl Jung's Life and Teachings*, Tarcher Perigee, Nueva York, 2012.

MAYO, Jeff, *The Astrologer's Astronomical Handbook*, L.N. Fowler and Co., Essex, Reino Unido, 1982.

OKEN, Alan, *Complete Astrology*, Bantam Books, Nueva York, 1988.

PTOLOMEO, Claudio, *Tetrabiblos*, ed. y trad. de F.E. Robbins William Heinemann, Londres, 1964 [*Tetrabiblos*, trad. de Blanca Hernández, Dilema, Madrid, 2013].

RUDHYAR, Dane, *The Astrological Houses: The Spectrum of the Individual Experience*, Doubleday, Nueva York, 1972 [*Las Casas Astrológicas*, trad. de Héctor V. Morel, Kier, Buenos Aires, 1993].

SASPORTAS, Howard, *The Twelve Houses: Exploring the Houses of the Horoscope*, Flare Publications, Londres, 2010 [*Las doce casas*, trad. de Marta Guastavino, Urano, 2017].

TESTER, Jim, *A history of Western Astrology*, Ballantine Books, Nueva York, 1988 [*Historia de la astrología occidental*, Siglo XXI Editores, México, 1990].

TOMPKINS, Sue, *Aspects in Astrology*, Destiny Publishers, Merrimac, Massachusetts, 2002.

WOOLFOLK, Joanna Martine, *The Only Astrology Book You'll Ever Need*, Taylor Trade Publishing, Lanham, Maryland, 2012.

PÁGINAS WEB RECOMENDADAS

www.cosmograma.com | www.carta-natal.es | www.astro.com | www.astrologers.com | www.cafeastrology.com | www.mountainastrologer.com

LECTURAS RECOMENDADAS

ARROYO, Steve, *Chart Interpretation Handbook*, CRCS Publications, Sebastopol, California, 2015 [*Manual de interpretación de la carta natal (Astrología)*, trad. de Montserrat Gurguí Martinez de Huete, Urano, Barcelona, 1991].

FORREST, Steven, *The Inner Sky: How to Make Wiser Choices for a More Fulfilling Life*, Seven Paws Press Portland, Oregón, 2007.

—, *The Book of Pluto: Finding Wisdom in Darkness*, Seven Paws Press, Portland, Oregón, 2012.

—, *The Book of Neptune*, Seven Paws Press, Portland, Oregón, 2016.

GREEN, John, *Do You Love Me? The Astrology of Relationships*, MISPA Books, Reino Unido, 2015.

GREENE, Liz, *Relationships and How to Survive Them*, CPA Press, 2013 [*Relaciones humanas*, trad. de Marta Guastavino, Urano, Barcelona, 1987].

—, y Robert Hand, *Saturn: A New Look at an Old Devil*, Weiser Books, Newburyport, Massachusetts, 2011 [*Saturno: un nuevo enfoque a un viejo diablo*, trad. de. Álex Arrese Fernández, Obelisco, Barcelona, 2001].

—, y Howard Sasportas, *The Luminaries: The Psychology of the Sun and Moon in the Horoscope*, Weiser Books, Newburyport, Massachusetts, 1992 [*Los luminares*, trad. de Marta Guastavino, Barcelona, Urano, 1994].

—, *The Inner Planets: Building Blocks of Personal Reality*, Weiser Books, Newburyport, Massachusetts, 1993 [*Los planetas interiores*, trad. de Marta Guastavino, Barcelona, Urano, 1996].

HAND, Robert, *Planets in Transit: Life Cycles for Living*, Schiffer Publishing, Ltd., Atglen, Pensilvania, 2001.

HICKEY, Isabel, *Astrology, A Cosmic Science: The Classic Work on Spiritual Astrology*, CRCS Publications, Sebastopol, California, 2011 [*Astrología espiritual, una ciencia cósmica*, Kier, Buenos Aires, 1996].

OKEN, Alan, *Complete Astrology*, Bantam Books, Nueva York, 1988.

REINHART, Melanie, *Chiron and the Healing Journey*, Starwalker Press, Londres, 2013 [*Significado y simbolismo de Quirón*, trad. de Marta Guastavino, Urano, Barcelona, 1991].

SASPORTAS, Howard, *The Twelve Houses: Exploring the Houses of the Horoscope*, Flare Publications, Londres, 2010 [*Las doce casas*, trad. de Marta Guastavino, Urano, 2017].

SPILLER, Jan, *Astrology for the Soul*, Bantam Books, Nueva York, 2009.